PRINCIPES

DE

LÉGISLATION ET D'ADMINISTRATION

MILITAIRES

A L'USAGE

DES SOUS-OFFICIERS, DES ENGAGÉS CONDITIONNELS
ET DES OFFICIERS DE RÉSERVE

EXTRAIT DE LA 8e ÉDITION

du Manuel de Connaissances militaires.

PARIS

LIBRAIRIE MILITAIRE DE J. DUMAINE
LIBRAIRE-ÉDITEUR
Rue et Passage Dauphine, 30

1878

PRINCIPES

DE

LÉGISLATION ET D'ADMINISTRATION

MILITAIRES

MANUEL

DE

CONNAISSANCES MILITAIRES

PRATIQUES

DESTINÉ A MM. LES OFFICIERS ET SOUS-OFFICIERS DE L'ARMÉE ACTIVE,
DE LA RÉSERVE ET DE L'ARMÉE TERRITORIALE,
AINSI QU'AUX VOLONTAIRES D'UN AN.

———

1° Topographie. — 2° Fortification. — 3° Reconnaissances,
emploi du terrain, petites opérations.
4° Cavalerie, artillerie, infanterie. — 5° Hygiène,
Connaissance du cheval.
6° Notes sur le service des troupes en marche.
7° Recrutement, organisation et administration des troupes.

———

8ᵉ ÉDITION

MISE A JOUR ET CONSIDÉRABLEMENT AUGMENTÉE

———

PARIS.—IMPRIMERIE DE J. DUMAINE, RUE CHRISTINE, 2.

PRINCIPES

DE

LÉGISLATION ET D'ADMINISTRATION

MILITAIRES

À L'USAGE

DES SOUS-OFFICIERS, DES ENGAGÉS CONDITIONNELS
ET DES OFFICIERS DE RÉSERVE

EXTRAIT DE LA 8ᵉ ÉDITION

du Manuel de Connaissances militaires.

PARIS

LIBRAIRIE MILITAIRE DE J. DUMAINE

LIBRAIRE-ÉDITEUR

Rue et Passage Dauphine, 30

1878

AVANT-PROPOS

Les données sommaires de *Législation et d'Administration* ont été extraites de la 8ᵉ édition du *Manuel de Connaissances militaires* et tirées en brochure à 1000 exemplaires, pour répondre au désir des militaires, qui ont entre les mains l'une des sept premières éditions du *Manuel*.

Ce résumé suffit, avec les modèles en usage dans les corps, pour donner l'enseignement élémentaire aux sous-officiers et aux engagés conditionnels. Il sera d'une lecture utile pour les officiers de la réserve et de l'armée territoriale.

[illegible]

[illegible]
[illegible]
[illegible]
[illegible]
[illegible]

[illegible]
[illegible]
[illegible]
[illegible]
[illegible]

DONNÉES SOMMAIRES

SUR

LE RECRUTEMENT, L'ORGANISATION

ET

L'ADMINISTRATION DES TROUPES

A L'USAGE

DES SOUS-OFFICIERS ET DES ENGAGÉS CONDITIONNELS

TITRE PREMIER

RECRUTEMENT ET ORGANISATION DE L'ARMÉE.

Loi du 27 juillet 1872 relative au recrutement.
Loi du 24 juillet 1873 relative à l'organisation de l'armée.
Loi du 13 mars 1875 relative à la constitution des cadres de l'armée.

CH. Ier. — **PRINCIPES GÉNÉRAUX DE LA LOI DE RECRUTEMENT.**

Tout Français (qu'il le soit de naissance ou par voie de natura-lisation) *doit à la patrie le service militaire personnel depuis l'âge de vingt ans jusqu'à celui de quarante ans.* L'individu né en France d'un étranger, qui lui-même y est né, est Français, à moins que, dans l'année qui suit l'époque de sa majorité, il ne réclame la qualité d'étranger. (Loi du 16 décembre 1874, Instruction ministérielle du 16 février 1875). *Nul ne peut servir dans les troupes françaises s'il n'est Français ou naturalisé Français.* Il peut être formé une légion recevant des étrangers et destinée à être employée hors du territoire continental de la France. Les indigènes de l'Algérie sont admis dans les corps indigènes de cette colonie.

Il n'y a dans les troupes françaises *ni prime en argent ni prime quelconque d'engagement. Le remplacement est supprimé.*

Il n'est accordé *d'exemptions définitives du service que pour cause d'inaptitude physique. Les dispenses de service,* accordées dans les conditions prévues par la loi, ne s'appliquent qu'au service d'activité en temps de paix ; en cas de guerre, les dispensés sont appelés sous les drapeaux, à l'exception de ceux qui demeurent voués à l'enseignement ainsi qu'à la carrière ecclésiastique.

L'exclusion du service est prononcée contre tout jeune homme déshonoré par une condamnation (peine afflictive ou infamante..., peine correctionnelle de deux ans au moins de prison, si le condamné a été en outre placé sous la surveillance de la police et interdit, en tout ou en partie, de ses droits civiques, civils ou de famille).

<hr>

Ch. II. — RECENSEMENT ET TIRAGE AU SORT.

Avant le 31 décembre de chaque année, les maires inscrivent sur la minute du *tableau de recensement* les jeunes gens nés ou domiciliés légalement dans leur commune, qui ont atteint ou doivent atteindre l'âge de vingt ans révolus, avant l'expiration de ladite année.

Chaque classe est désignée par le millésime de l'année dans laquelle les hommes qui la composent ont accompli leur vingtième année. *Le tableau de recensement* est publié le 1er janvier 1878 pour la classe de 1877, et affiché à la porte de la mairie pendant les deux dimanches qui suivent le 1er janvier 1878.

Un décret, publié dans chaque commune, fixe les époques auxquelles doivent avoir lieu *l'examen des tableaux et le tirage au sort*. Ce décret convoque, pour la date fixée, les jeunes gens du contingent et, à leur défaut, leurs parents ou leurs tuteurs, au chef-lieu de canton. L'examen des tableaux et le tirage ont lieu dans chaque chef-lieu de canton, sous la présidence du sous-préfet, et en présence des maires de toutes les communes du canton ; les motifs présumés d'exemption et de dispense sont indiqués sur ces tableaux dont il est fait lecture publique. Les jeunes gens ou leurs représentants sont entendus pendant la lecture des tableaux, le sous-préfet prend l'avis des maires et statue ; les cas douteux sont renvoyés à la décision du conseil de révision. — Le tableau de chaque commune est définitivement arrêté par le sous-préfet et signé par le maire.

Un premier tirage fixe l'ordre d'appel des communes. Les premiers numéros sont, s'il y a lieu, extraits de l'urne pour être attribués d'office aux jeunes gens des contingents antérieurs omis par suite de fraude. Le sous-préfet compte ensuite les numéros restants et déclare à haute voix que leur nombre est égal à celui des jeunes gens inscrits. Chacun des jeunes gens ou son représentant, appelé à son tour, tire un numéro qui est proclamé et inscrit sur le tableau de recensement. On a établi *une liste cantonale de tirage* sur laquelle figurent à la suite les uns des autres les numéros mis dans l'urne ; on y inscrit, en face de chaque numéro, les noms, prénoms et surnoms de chaque jeune homme. Cette liste est proclamée, arrêtée par le sous-préfet, signée par le maire et affichée dans chaque commune; on y mentionne les cas présumés d'exemption et de dispense; les intéressés sont avisés des pièces qu'ils auront à fournir au conseil de révision. — *L'opération du tirage est définitive* et ne doit jamais être recommencée.

Сн. III. — CONSEIL DE RÉVISION.

Attributions. — Le conseil de révision s'assure que le tirage au sort a été régulièrement fait, statue sur les réclamations, s'il y a lieu, prononce en séance publique sur les causes d'exemption, d'ajournement, de dispense, de sursis d'appel, de substitution de numéros, et arrête définitivement la liste de recrutement cantonal.

Composition. — *Cinq membres ayant voix délibérative :* Le préfet ou son délégué président ; un général de brigade, ou son délégué ; un conseiller de préfecture ; un conseiller général et un conseiller d'arrondissement autres que ceux nommés par le canton où opère le conseil de révision. *Le sous-préfet a voix consultative,* dans son arrondissement. *Les maires* des communes du canton *assistent aux séances* et renseignent le conseil.

— *Trois membres militaires sont adjoints au conseil :* 1° un fonctionnaire de l'intendance qui est entendu, sur sa demande, dans l'intérêt de la loi; le conseil ne peut ni délibérer, ni prendre de décision en dehors de sa présence; 2° un médecin militaire, qui passe la visite médicale et qui doit toujours être entendu avant que le conseil prononce une exemption; 3° le commandant de recrutement, qui fait toiser les hommes et prend des notes sur leur profession et leur aptitude aux différentes armes.

Opérations. — Le conseil opère dans chaque chef-lieu de canton aux dates fixées par un *Itinéraire* rendu public. Tous les inscrits reçoivent, par les soins du maire de leur commune, un ordre de convocation ; ils sont examinés dans l'ordre de la liste du recrutement cantonal et font valoir, le cas échéant, leurs cas d'exemption ou de dispense en produisant les pièces justificatives exigées.

. *Tous les jeunes gens inscrits doivent être visités.* Ceux qui sont absents de leur département demandent au préfet de leur domicile, par l'intermédiaire du maire de leur commune, et avant le 15 janvier de chaque année, à être visités, soit par le conseil de révision du département où ils se trouvent, soit par les commissions spéciales de visite s'ils sont en Algérie, soit par le médecin attaché à l'ambassade ou au consulat de France s'ils sont à l'étranger. Le résultat de ces visites revient au conseil de révision du domicile qui seul prononce définitivement sur les cas d'exemption, de dispense, etc. — Le médecin militaire est délégué par le conseil pour visiter à domicile, en présence de l'officier de gendarmerie de l'arrondissement, les jeunes gens que leur état de santé empêche de se présenter.

Lorsqu'un jeune homme a plusieurs droits à invoquer en matière d'exemption ou de dispense, il lui est fait application de l'article de la loi qui lui est le plus avantageux

---

Ch. IV. — EXEMPTION. — AJOURNEMENTS. — SERVICE AUXILIAIRE. — DISPENSES. — SURSIS D'APPEL. — SUBSTITUTIONS.

Exemptions. — Sont exemptés du service militaire : les jeunes gens de la classe que leurs infirmités rendent impropres à tout service actif ou auxiliaire. Le ministre de la guerre a publié au *Journal militaire*, à la date du 27 février 1877, une *instruction détaillée sur les causes qui rendent impropre au service militaire*. Cette instruction figure au recueil des actes administratifs et peut être consultée dans chaque mairie.

Ajournements. — Les jeunes gens n'ayant pas la taille de $1^m,54$ ou reconnus trop faibles de complexion peuvent être ajournés à un nouvel examen, pendant deux années consécutives. Ils doivent, à moins d'autorisation, se représenter l'année suivante devant le conseil. Après un ou deux ajournements, il est définitivement statué sur leur sort : s'ils sont reconnus propres au service, ils suivent le sort de leur classe, c'est-à-dire qu'ils ne doivent accomplir que le temps de service qui reste à faire à cette classe.

Classement dans le service auxiliaire. — On entend par service auxiliaire tout service sédentaire ou de garnison pouvant être fait dans les corps ou établissements militaires (ateliers, arsenaux, magasins, bureaux, etc.). — Ce service comprend : 1° ceux qui n'ont pas la taille de $1^m,54$; 2° ceux qui, sans avoir été exemptés définitivement, sont reconnus avoir des maladies, infirmités ou difformités incompatibles avec le service actif ou armé. — Ils ne sont appelés qu'en cas de guerre ou de mobilisation.

Dispenses. — Il existe trois sortes de dispenses, dont les conditions sont détaillées ci-après :

Sont dispensés du service d'activité en temps de paix.—(Article 17 de la loi.) 1° *L'aîné d'orphelins de père et mère. Pièces à produire au conseil de révision :* 1° Certificat modèle A, constatant qu'il n'existe pas d'enfant mâle plus âgé que lui et qu'il a au moins un frère ou une sœur nés après lui ; 2° actes de mariage et de décès des père et mère. Le frère puîné jouit de la dispense si l'aîné est aveugle ou impotent (la cécité ou l'impotence de l'aîné sont constatées par le conseil).

2° *Le fils unique ou l'aîné des fils, ou à défaut de fils ou de gendre, le petit-fils unique ou l'aîné des petits-fils d'une femme actuellement veuve ou d'une femme dont le mari a été légalement déclaré absent, où d'un père aveugle ou entré dans sa soixante-dixième année*. — Le petit fils puîné jouit, comme dans le cas précédent, de la dispense, si son frère aîné est aveugle ou impotent. Le fils aîné ou unique d'un deuxième lit dont le père est décédé a droit à la dispense, à titre de fils de veuve, alors même qu'il aurait des frères consanguins plus âgés que lui. — La dispense est due au petit-fils d'une femme veuve dont le gendre vit encore, mais est veuf sans enfant ; elle n'est pas due au fils d'une femme veuve remariée, quand bien même le second mari serait septuagénaire ou aveugle. — Elle n'est pas due à un jeune homme dont la grand'mère a un fils ou un gendre impotent.

Pièces. — Suivant le cas particulier, un certificat modèle B, C, D, E, F, G, H, I, J, K, L, M, N, O ou P......; les actes de mariage, les actes de décès des ascendants intéressés, copie du jugement déclarant l'absence du père ou du grand-père s'il y a lieu.

3° *Le plus âgé de deux frères appelés à faire partie du même tirage, si le plus jeune est reconnu propre au service et appelé avec sa classe.* — Dans le cas où le cadet serait ajourné, l'aîné serait appelé, sauf à être mis en disponibilité au moment de l'appel du cadet. *Pièces :* Certificat modèle Q, acte de mariage des père et mère.

4° *Celui dont un frère est inscrit sur les contrôles de l'armée active*, à un titre qui l'oblige à servir cinq ans au moins. La dispense a lieu pendant la durée intégrale de ces cinq ans, quand bien même la classe du frère au service serait renvoyée par anticipation. Sont compris dans cette catégorie les officiers et assimilés, les gendarmes, les inscrits maritimes. La dispense est refusée à celui dont le frère est rentré au drapeau, après avoir été envoyé en disponibilité et à celui dont le frère est détenu par jugement (le droit revit à l'expiration de la peine). — *Pièces :* suivant le cas, un certificat modèle R, plus un certificat constatant que le frère est au service ; cette pièce émane soit du conseil d'administration du corps, soit du commandant du dépôt de recrutement, soit du préfet (modèle S), soit du commissaire de la marine (modèle T).

5° *Celui dont un frère est mort en activité de service, ou a été réformé ou retraité pour blessures reçues dans un service commandé*.

ou pour infirmités contractées dans les armées de terre et de mer, à la condition que le frère retraité ou réformé ait été lié au service actif pour cinq ans. — Le militaire mort, après avoir été retraité ou réformé dans les conditions énoncées ci-dessus, confère la dispense après lui. — Il en est de même pour l'engagé conditionnel, pour le soldat de la deuxième portion, pour celui placé dans la disponibilité, la réserve ou le service auxiliaire, s'ils sont morts dans leurs foyers à la suite d'une maladie notoirement contractée pendant leur séjour sous les drapeaux. — *Pièces* : — Certificat modèle U ; un titre authentique justifiant le décès, les blessures, la réforme ou la retraite,...... ce sera une copie certifiée de l'acte de décès, du congé de réforme ou du titre de pension de retraite.

La dispense accordée pour les motifs signalés aux numéros 4 et 5 ci-dessus ne s'applique qu'à un seul frère pour un même cas, mais elle se répétera dans la même famille autant de fois que les mêmes droits s'y reproduiront. — *Les dispenses* ne sont applicables qu'aux enfants légitimes et *doivent,* pour produire leur effet, exister et *être justifiées le jour où le conseil de révision est appelé à statuer.*

Quand les motifs de dispense énoncés aux numéros 1 et 2 se produisent après la décision du conseil, le militaire est renvoyé dans ses foyers en disponibilité à moins qu'il n'ait dispensé un frère plus jeune.

Dispenses à titre conditionnel (article 20 de la loi). — Ces dispenses sont accordées afin de ne pas entraver le recrutement de certaines professions; elles libèrent le dispensé de tout service militaire en temps de guerre comme en temps de paix, à la condition qu'il reste fidèle à ses engagements.

Sont dispensés à titre conditionnel : 1° Les membres de l'intruction publique et les élèves de l'Ecole normale supérieure de Paris ; 2° les professeurs des institutions nationales des sourds-muets et des institutions nationales des jeunes aveugles; 3° les artistes qui ont remporté les grands prix de l'Institut; 4° les élèves pensionnaires de l'Ecole des langues orientales et les élèves de l'Ecole de chartes; 5° les membres et novices des associations religieuses vouées à l'enseignement et reconnues comme établissements d'utilité publique, les directeurs, maîtres-adjoints, élèves-maîtres des écoles fondées ou entretenues par les associations laïques, lorsqu'elles remplissent les mêmes conditions; 6° les élèves ecclésiastiques désignés par les archevêques, les évêques et les représentants des cultes salariés.

Pièces : Un certificat délivré par le chef hiérarchique ; les modèles de ces certificats sont donnés au *Journal militaire* de 1873, 1er volume.

La dispense cesse, pour ceux employés dans l'enseignement et dans les écoles précitées s'ils n'accomplissent pas dix ans de service, pour les ministres des cultes salariés s'ils n'ont pas reçu la consécration à vingt-six ans.

Dans ce cas, l'ex-dispensé doit remettre sa déclaration à la mairie d· sa commune dans le délai de deux mois ; il est tenu à faire intégralement ses cinq ans de service actif et suit ensuite les destinées de sa classe.

Dispenses à titre provisoire (article 22 de la loi). — Peuêtre dispensés à titre provisoire, *comme soutiens indispensables de famille*, et s'ils en remplisent effectivement les devoirs, les jeunes gens désignés par le conseil municipal de la commune où ils sont domiciliés. La liste est arrêtée dans chaque commune par délibération du conseil municipal et présentée au conseil de révision par le maire. Ces dispenses peuvent être accordées par département, jusqu'à concurrence de 4 pour 100 du nombre des jeunes gens reconnus propres au service. Si ces hommes cessent d'être soutiens de famille et que la dispense leur soit retirée, ils font le temps d'activité qui reste dû par leur classe.

Sursis d'appel (article 23). — Des sursis d'appel peuvent être accordés dans les mêmes conditions et dans la même proportion aux jeunes gens qui en ont fait la demande, avant le tirage au sort, et qui justifient la nécessité dans laquelle ils se trouvent de n'être point enlevés immédiatement à leurs travaux, soit pour leur apprentissage ou leurs études, soit pour les besoins de l'exploitation agricole, industrielle ou commerciale à laquelle ils se livrent pour leur propre compte ou pour celui de leurs parents.

Ce sursis d'appel peut être accordé pour un an et peut être renouvelé une seconde année. A l'expiration de ce sursis, le jeune homme qui l'a obtenu doit passer sous les drapeaux le temps de service complet auquel il devait être astreint d'après son numéro de tirage. — *Les demandes de sursis* adressées au maire sont instruites par lui; le conseil municipal donne son avis. Elles sont remises au conseil de révision qui prononce.

Substitution (article 28). — La substitution de numéros peut avoir lieu entre deux frères concourant au tirage de la même classe, si le substituant est reconnu bon pour le service.

La liste du recrutement cantonal est définitivement arrêtée par le conseil de révision et *divisée en cinq parties* (1° ceux bons pour le service, 2° ceux dispensés en vertu de l'article 17, 3° ceux dispensés en vertu de l'article 20 et ceux liés au service par engagements, brevet, commission, inscription maritime, 4° ceux classés dans le service auxiliaire, 5° les ajournés).

Registre matricule. — A l'aide des listes de recrutement can-

tonal, il est tenu, par le commandant de recrutement de chaque
subdivision de région, un registre matricule sur lequel sont portés,
par classes, tous les jeunes gens qui n'ont été ni ajournés ni
exemptés. — Ce registre mentionne l'état-civil, le signalement,
l'incorporation de chaque homme inscrit et successivement tous les
changements qui peuvent survenir dans sa position jusqu'à sa
libération définitive du service. — Pour que ce registre soit bien
tenu, il faut que toute mutation, tout changement de domicile concernant les hommes qui s'y trouvent immatriculés soit toujours
notifié au commandant de recrutement.

Ch. V. — DES ENGAGEMENTS, RENGAGEMENTS, ENGAGEMENTS CONDITIONNELS D'UN AN, DEVANCEMENTS D'APPEL.

La loi admet, en temps de paix : des engagements volontaires
pour cinq années complètes de service à partir de la passation de
l'acte et des engagements conditionnels pour une année de service,
à dater de l'incorporation : *en cas de guerre,* des engagements pour
la durée de la guerre. (Cet engagé ne dispense pas son frère). Le
service militaire à fournir date toujours de la passation de l'acte
d'engagement. — L'engagé choisit le corps où il veut servir ; si ce
choix porte sur un corps stationné dans le département où réside
l'engagé, le consentement du chef de corps est nécessaire. — L'engagé ne peut pas être envoyé en congé sans son consentement,
mais il peut être changé de corps et d'arme dans l'intérêt du service.

Engagements pour cinq ans. — *Conditions à remplir :* 1° pour
l'armée de mer, avoir seize ans révolus, sans condition de taille, mais
sous réserve de n'être maintenu dans la marine, à dix-huit ans, que
si l'on a la taille de 1^m,54 ; 2° pour l'armée de terre, avoir dix-huit
ans révolus, vingt-quatre ans au plus et 1^m,54 de taille (cette taille est
constatée en présence du commandant de recrutement) ; 3° savoir lire
et écrire (condition exigible à partir du 1er janvier 1880) ; 4° jouir de
ses droits civils ; 5° n'être point lié au service, n'être ni marié, ni
veuf avec enfants (déclaration faite par écrit en présence du maire) ;
6° avoir un *certificat de bonne vie et mœurs,* délivré par le maire
du dernier domicile ou, le cas échéant, par les maires de toutes
les communes dans lesquelles on a été domicilié durant la dernière
année. Ce certificat doit être accompagné de l'*extrait des casiers
judiciaires,* délivré par le greffier du tribunal de l'arrondissement
où l'on est né. Quand on a moins de vingt ans, le *consentement de ses
père, mère ou tuteur* est nécessaire ; 7° être sain et robuste (constatation faite par un médecin délégué, devant le commandant de

recrutement); 8° avoir la taille et l'aptitude exigées pour le corps dans lequel on veut entrer. *Le minimum de la taille* est de 1ᵐ,54 pour l'infanterie, les ouvriers d'administration et les infirmiers ; 1ᵐ,70 pour les cuirassiers; 1ᵐ,66 pour les dragons ; 1ᵐ,63 pour les chasseurs à cheval et les hussards ; 1ᵐ,67 pour l'artillerie et les pontonniers ; 1ᵐ,66 pour le train d'artillerie et pour le génie; 1ᵐ,64 pour les équipages militaires, les ouvriers d'artillerie et les ouvriers constructeurs. L'aptitude professionnelle est constatée, quand il y a lieu, par un certificat délivré par un chef technique, par le commandant d'une compagnie ou d'une section d'ouvriers, par exemple.

Formalités à remplir. — Se présenter devant le chef de corps ou devant le commandant de recrutement ou devant le sous-intendant en Algérie. A la suite des constatations de la taille, des aptitudes physiques et professionnelles, s'il y a lieu, recevoir le *certificat d'acceptation.* Muni de ce certificat et des pièces énumérées ci-dessus, se présenter avec deux témoins devant le maire d'un chef-lieu de canton. Faire par écrit la déclaration mentionnée à l'article 5 du paragraphe précédent; produire, si l'on a servi, une pièce militaire constatant que l'on est délié de tout service, telle que... congé de réforme, acte de déclassement de l'inscription maritime. L'acte est signé par le maire, les témoins et l'engagé. Ce dernier reçoit immédiatement du maire une copie de l'acte et du sous-intendant *une feuille de route* avec allocations pour rejoindre son corps dans les délais fixés; l'engagé reçoit au besoin du maire, un *sauf-conduit* pour se rendre à la sous-intendance de la circonscription. Le maire envoie copie de l'acte au commandant de recrutement de la résidence, lequel fait l'immatriculation et avise le corps en lui envoyant les livrets de l'homme.

Cas particuliers. — Les jeunes gens qui ont tiré au sort ne peuvent s'engager que jusqu'à la veille du jour de leur examen par le conseil de révision. Indépendamment des conditions ordinaires il faut pour s'engager directement :

Au régiment de sapeurs-pompiers de Paris : 1° ne pas appartenir au contingent de la Seine; 2° n'avoir subi aucune condamnation ; 3° être apte à ce service spécial; 4° avoir une taille moyenne et une profession d'ouvrier en bâtiments.

Aux tirailleurs algériens : avoir l'autorisation d'un général commandant l'une des divisions de l'Algérie.

Aux spahis : avoir le consentement du chef de corps.

A l'école de cavalerie de Saumur : avoir reçu un certificat d'acceptation de la commission spéciale siégeant à Saumur le 21 mars et le 21 septembre de chaque année. Le nombre des engagés reçus annuellement est de 40 seulement; ils doivent avoir une bonne instruction primaire et verser au receveur des finances de Saumur une somme de 300 francs pour le compte du Trésor.

Engagements des hommes disponibles ou sur le point de l'être. Les militaires en disponibilité auxquels il reste un an de service à faire, ceux sur le point d'être envoyés en disponibilité après avoir fait leur année de service dans la deuxième portion dn contingent, les engagés conditionnels d'un an, sont admis, sur leur demande, à compléter cinq ans de service, par voie d'engagement. Ils peuvent choisir leur corps, mais seulement dans l'arme où ils ont servi. L'acte est passé comme ci-dessus, mais devant le sous-intendant.

Pièces à produire : 1° Le titre militaire s'il y a lieu ; 2° un certificat du chef de corps ou du commandant de recrutement constatant l'aptitude à faire un bon service ; 3° le consentement du chef du corps dans lequel on veut entrer. Le sous-intendant avise, suivant le cas, le ou les corps intéressés et le commandant de recrutement ; l'engagé reçoit immédiatement sa nouvelle destination, à moins, pour l'engagé conditionnel, qu'il ne préfère achever son année d'instruction au corps où il est.

Devancements d'appel. — Avant le conseil de révision, un jeune homme de la classe appelée peut s'engager pour cinq ans avec faculté de choisir son régiment, ainsi qu'il a été dit ci-dessus ; il ne suit plus le sort de sa classe, mais doit cinq années pleines de service. *Une fois la liste du contingent cantonal arrêtée par le conseil de révision, et jusqu'au moment où se fait la répartition du contingent en première et deuxième portion, un jeune homme de la classe appelée peut devancer l'appel* et prendre immédiatement du service dans l'un des corps qu'il choisit parmi ceux désignés par le Ministre ; il perd ses chances d'appartenir à la deuxième portion et suit le sort de la première portion de sa classe.

Conditions à remplir. — Pour pouvoir devancer l'appel, il faut n'être affecté ni à l'armée de mer par son mauvais numéro, ni aux armes spéciales par sa taille ou son aptitude physique.

Formalités. — Se présenter au bureau de recrutement de la subdivision. Passer la visite médicale. Recevoir un certificat d'aptitude pour le corps choisi. Se présenter chez le général commandant la subdivision. Obtenir son autorisation qui est mentionnée sur le certificat d'aptitude. Se présenter au sous-intendant de la subdivision et recevoir de lui une feuille de route pour rejoindre le corps choisi.

Pour devancer l'appel dans les compagnies ou sections d'ouvriers et d'infirmiers, il faut produire un certificat de capacité délivré par le commandant de ces fractions de troupes.

Engagements conditionnels d'un an. — Ils sont autorisés par la loi dans l'intérêt de ceux qui se destinent aux carrières libérales ; ils doivent toujours être souscrits avant l'époque du tirage au sort. En passant un an sous les drapeaux, le conditionnel est libéré de quatre années de service, en temps de paix ; il suit, en temps de guerre, la destinée de la classe à laquelle il appartient par son engagement.

Conditions à remplir : 1° Celles exigées des engagés pour cinq ans (voir ci-dessus) ; 2° se trouver dans l'une des conditions prévues par les articles 53 ou 54 de la loi.

Article 53. Avoir obtenu des diplômes de bachelier ès lettres ou ès sciences, de fin d'études ou des brevets de capacité. Faire partie de l'École centrale ou de l'École des beaux-arts. Faire partie des Écoles des arts et métiers ou de l'École d'horlogerie de Cluses ou bien être sorti de ces écoles avec le certificat réglementaire. Faire partie ou être sorti avec récompenses du Conservatoire de musique ou de l'une de ses succursales. Être présent aux Écoles vétérinaires, aux Écoles supérieures d'agriculture et du commerce agréées par le ministre ou à l'École des haras du Pin, ou à l'école des mineurs de Saint-Étienne. Être élève externe des Écoles des mines, des ponts et chaussées ou du génie maritime. Les jeunes gens de cette catégorie sont admis sur le vu de leur diplôme ou du certificat délivré par le directeur de l'école.

Article 54. Avoir satisfait à un examen, soit sur l'agriculture, soit sur le commerce, soit sur l'industrie, dans les conditions prévues par le décret du 21 octobre 1872. Le nombre des engagés de cette catégorie est fixé chaque année par le Ministre et réparti proportionnellement entre les régions territoriales.

Formalités à remplir. Adresser au préfet du 1er juillet au 31 août : 1° une demande sur papier timbré spécifiant les noms, prénoms, résidence, domicile, le titre donnant droit à l'engagement, le corps choisi et, pour les jeunes gens de l'article 54, la série de l'examen choisi (agriculture, commerce ou industrie) ; 2° l'acte de naissance ; 3° le certificat d'acceptation par le commandant de recrutement du chef-lieu de département ; 4° le consentement des père, mère ou tuteur.

Passer les examens si l'on est dans les conditions de l'article 54 de la loi. Recevoir du préfet le certificat d'admission et un bulletin, avec lequel on verse à la caisse des dépôts et consignations une somme d'argent (1,500 fr. en 1877), représentant la valeur de l'habillement, de l'équipement, de l'entretien du conditionnel pendant un an. Les jeunes gens qui établissent leur défaut de fortune et qui ont obtenu la note *très-bien* dans les examens peuvent être exemptés de tout ou partie de ce versement, sur l'avis du conseil municipal et du conseil général. Pour bénéficier de cette exo-

2.

nération, les jeunes gens de l'article 53 doivent donc subir les examens.

Contracter l'engagement. Présenter au recrutement le certificat d'acceptation. Subir une nouvelle visite médicale. Spécifier le corps choisi parmi ceux que le Ministre a désignés ; le sort décide, afin que le chiffre maximun attribué à chaque régiment ne soit pas dépassé. Se présenter à l'officier de l'état civil du chef-lieu de département, lui remettre les pièces exigées des engagés pour cinq ans (voir ci-dessus), et en outre : 1° le titre justifiant du droit à l'engagement conditionnel ; 2° le bulletin constatant le versement de la somme exigée. La durée du service date de l'incorporation. Le conditionnel est dirigé sur son corps par les soins de l'intendance comme l'engagé pour cinq ans, mais il n'est payé de ses frais de route qu'à l'arrivée au corps et après son incorporation.

Un candidat reconnu impropre au service est ajourné à l'année suivante.

Sursis. Les conditionnels de l'article 53 peuvent, immédiatement après l'engagement, obtenir du général commandant la subdivision, des sursis, jusqu'à vingt-quatre ans accomplis, en vue de terminer leurs études ; ils joignent à leur demande un certificat du directeur de leur école. Ce certificat est renouvelé chaque année, avant le 1er novembre, pour prouver au général qui a accordé le sursis que le titulaire est toujours en cours d'études ; faute de quoi, l'intéressé est mis en route avec les conditionnels de l'année.

Service au corps. Les engagés conditionnels sont soumis au régime des autres soldats comme tenue, nourriture, service….; ils forment cependant une classe spéciale d'instruction et ne sont jamais détachés. Ils subissent un examen tous les trois mois, conformément aux programmes du 14 octobre 1875. Ceux qui satisfont aux examens de fin d'année et qui sont d'ailleurs bien notés reçoivent *un certificat d'instruction*, mentionnant le grade qu'ils possèdent au moment de leur départ. Ceux qui ne satisfont pas aux examens de fin d'année ou qui ont commis des fautes graves, réprimées par au moins quinze jours de prison ou trente jours de salle de police, font, d'après la décision du jury d'examen, une deuxième année de service. Si après cette année leur ignorance ou leur mauvaise conduite ont persisté, ils sont déchus de leurs droits et suivent le sort de leur classe. Si, après avoir consenti à faire deux années de service, le conditionnel satisfait à des examens spéciaux, il a droit à *un brevet de sous-lieutenant de réserve* ou à une commission équivalente.

Les conditionnels étudiants en pharmacie et en médecine font leur service dans les hôpitaux comme infirmiers. Ceux admis à servir comme vétérinaires sont spécialement dirigés par les vétérinaires du corps.

Jeunes gens assimilés aux conditionnels. — Cette catégorie comprend ceux qui, n'ayant pas pu, par suite d'inaptitude physique, contracter l'engagement conditionnel pour l'année avant le tirage au sort de leur classe, ont cependant été reconnus aptes au service par le conseil de révision. Ils reçoivent un certificat du général commandant la subdivision et sont appelés avec leur classe. Une fois incorporés, ils font le versement exigé et sont dès lors assimilés aux conditionnels; ils restent sous les drapeaux aussi longtemps que les conditionnels de l'année.

Rengagements. — Les militaires qui sont en activité de service, en disponibilité ou dans la réserve peuvent être autorisés à contracter des rengagements pour deux, trois, quatre ou cinq ans.

Conditions à remplir : 1° Etre dans le cours de la dernière année de service actif ou justifier de son passage dans la réserve; 2° avoir l'aptitude voulue pour le corps où l'on désire servir; 3° justifier d'une bonne conduite sous les drapeaux ou dans ses foyers pour les disponibles ou les réservistes; 4° avoir le consentement du chef du corps dans lequel on veut servir; 5° réunir les conditions d'âge, de manière que le caporal et le soldat ne soient pas maintenus dans le service actif au delà de vingt-neuf ans, le sous-officier au delà de trente-cinq ans d'âge.

Formalités. Le rengagement est reçu pour les hommes sous les drapeaux, par le sous-intendant chargé de la surveillance administrative du corps; pour les disponibles et réservistes par le sous-intendant chargé du recrutement territorial. Les rengagements donnent droit à des hautes paies journalières, la première après cinq ans, la seconde après dix ans de service.

Cii. VI. — Versement du contingent dans l'armée.
Incorporation.

Première et deuxième portion du contingent. — Tous les hommes d'une classe reconnus bons pour le service, et qui n'ont obtenu ni dispense ni sursis d'appel, sont immatriculés et appelés. Pratiquement les ressources budgétaires ne permettent pas d'appeler tout le contingent annuel pendant cinq ans. On a dû diviser le contingent en deux portions : la première est maintenue sous les drapeaux pendant cinq ans, la deuxième portion est renvoyée après une année d'instruction. Les hommes de cette deuxième portion sont pris par ordre de numéros en commençant par le plus élevé sur la liste du contingent de chaque canton, et dans une proportion déterminée chaque année par le ministre.

Les hommes de la première portion du contingent sont répartis dans tous les corps et services, d'après un *système dit national*, sans tenir compte de l'éloignement des garnisons (ce système donne à l'armée plus d'homogénéité et un esprit plus national). Ils reçoivent par la gendarmerie un ordre d'appel et se rendent à la date fixée au bureau de recrutement de la subdivision de leur résidence. Le général de brigade assisté du sous-intendant, du commandant de recrutement, du commandant de gendarmerie, et d'un médecin au moins, passe la *revue de départ.* Les hommes reconnus comme n'ayant pas l'aptitude voulue pour le service sont envoyés devant la *commission spéciale de réforme.* Les malades reçoivent des sursis de départ ou sont envoyés à l'hôpital. *Des sursis non renouvelables* sont accordés en cas de nécessité justifiée. Les jeunes soldats qui se seraient mutilés sont déférés aux tribunaux. *Aucun changement de destination né peut être autorisé.*

Les jeunes soldats sont dirigés sur leurs corps, autant que possible par les voies ferrées, *soit isolément, soit en détachement* sous la surveillance de cadres de conduite. Dans le premier cas, ils reçoivent de l'intendance une feuille de route et une indemnité qui se compose du prix de leur transport en chemin de fer, augmenté de la somme de 1 fr. 25 pour chaque journée passée en route; ils n'ont pas droit au pain. Dans le second cas, ils reçoivent par journée de route 750 grammes de pain et 0 fr. 55 de solde. Une fois formés en détachement, les jeunes soldats sont soumis à toutes les lois militaires. Le commandant du détachement reçoit un contrôle nominatif des hommes sur lequel il porte les mutations survenues..., les bons de chemin de fer nécessaires et, si l'on marche par étapes, les mandats pour le pain et pour les voitures à colliers ; à l'arrivée il conduit son monde à la caserne, se rend chez le colonel, arrête ses comptes avec le trésorier et reçoit un certificat constatant que ses comptes sont en règle.

Les hommes de la deuxième portion, les disponibles et réservistes sont toujours incorporés sur place d'après le système régional. A la réception de leur ordre de départ pour les premiers, à la nouvelle de la mobilisation pour les seconds, les uns et les autres se rendent directement au dépôt de leur corps, si ce dépôt est dans la subdivision de région de leur domicile, ou, dans le cas contraire, au bureau de recrutement de la subdivision, d'où ils sont dirigés sur leurs corps. L'affectation donnée à chaque homme au moment de son passage dans la disponibilité ou dans la réserve est portée sur son livret de façon à rendre toute hésitation impossible.

CH. VII. — DU SERVICE MILITAIRE.

La durée du service militaire date du 1er juillet de l'année du tirage au sort; elle *est de vingt ans*, dont :

Cinq ans dans l'armée active ;
Quatre ans dans la réserve de l'armée active ;
Cinq ans dans l'armée territoriale ;
Six ans dans la réserve de l'armée territoriale.

Chaque classe du contingent est désignée par le millésime de l'année dans laquelle les jeunes gens qui la composent ont atteint l'âge de vingt ans révolus. *Pour savoir la classe à laquelle appartient un jeune homme*, il suffit donc d'ajouter vingt ans à la date de sa naissance. Celui qui est né en 1856 (du 1er janvier au 31 décembre) est de la classe de 1876 ; il a tiré au sort dans les premiers mois de 1877 ; son service compte à partir du 1er juillet 1877, quand bien même il ne serait effectivement appelé sous les drapeaux que postérieurement à cette date (cet appel a généralement lieu vers le 1er novembre) ; il passera successivement dans la réserve de l'armée active le 30 juin 1882, dans l'armée territoriale le 30 juin 1886, dans la réserve de l'armée territoriale le 30 juin 1891; il sera libéré de tout service militaire le 30 juin 1897.

Pour trouver la date annuelle des mutations successives d'un homme du contingent, il suffit d'ajouter au millésime de sa classe : six ans pour avoir son passage dans la réserve de l'armée active, dix ans pour avoir son passage dans l'armée territoriale, quinze ans pour avoir son passage dans la réserve de l'armée territoriale, vingt et un ans pour avoir la date de sa libération définitive.

En partant de la dernière classe appelée, celle de 1876 par exemple et en remontant dans le passé, les cinq dernières classes appelées (1876, 1875, 1874, 1873, 1872) constituent l'armée active ; les 4 classes plus anciennes (1871, 1870, 1869, 1868) constituent la réserve de l'armée active ; les cinq classes plus anciennes (1867, 1866, 1865, 1864, 1863) constituent l'armée territoriale ; les six classes plus anciennes (1867, 1861, 1860, 1859, 1858, 1857) constituent la réserve de l'armée territoriale.

Pour trouver le millésime de la classe la plus ancienne appartenant à chaque catégorie du service militaire, il suffit donc de retrancher du millésime de la dernière classe appelée : quatre ans pour l'armée active, huit ans pour la réserve de l'armée active, treize ans pour l'armée territoriale, dix-neuf ans pour la réserve de l'armée territoriale.

Un tableau indiquant, au 1er janvier et au 1er juillet de chaque *année, la répartition des diverses classes dans l'armée active et dans l'armée territoriale est affiché dans toutes les communes.* D'autre part, tout militaire a entre les mains son livret indiquan la date de ses mutations successives.

Ch. VIII. — Organisation de l'armée. Constitution des corps.

Division du territoire en régions et en subdivisions de région. — Pour l'organisation de l'armée active et de sa réserve, de l'armée territoriale et de sa réserve, *le territoire continental de la France a été divisé en 144 subdivisions de région*, dont l'étendue a été déterminée d'après le chiffre de la population, de façon à leur attribuer des ressources à peu près identiques au point de vue du recrutement. — *Ces subdivisions de région, réunies par groupes de huit, forment 18 régions* ayant des ressources à peu près identiques comme recrutement. Les régions sont numérotées de 1 à 18 et ont pour chefs-lieux : *Lille, Amiens, Rouen, le Mans, Orléans, Châlons, Besançon, Bourges, Tours, Rennes, Nantes, Limoges, Clermont-Ferrant, Grenoble, Marseille, Montpellier, Toulouse, Bordeaux* (pour retenir ces noms, on peut remarquer qu'une ligne passant par ces villes décrit sur la carte une serpentine, en partant du nord-ouest et en se dirigeant alternativement de l'ouest à l'est et d l'est à l'ouest). Le territoire comprend en outre les deux gouvernements militaires de Paris et de Lyon dont les territoires font partie des corps d'armée environnant ces deux villes. *Les troupes de toutes armes de l'armée active sont groupées en 18 corps permanents* correspondant aux 18 régions territoriales et placés sous les ordres d'un officier général dit général commandant le corps d'armée, qui commande à la fois les troupes et le territoire.

Les troupes des gouvernements de Paris et de Lyon sont détachées des corps d'armée voisins de ces deux villes et en relèvent pour tout ce qui concerne la mobilisation. *Les troupes permanentes d'Algérie,* complétées par une brigade d'artillerie et par les divers services forment le 19ᵉ corps d'armée, placé sous les ordres du gouverneur général de l'Algérie.

Composition d'un corps d'armée. — Les 18 corps d'armée de France ont une composition identique ; chaque région possède les magasins généraux d'armes, de munitions et d'effets nécessaires au corps d'armée qui y stationne.

Chaque corps d'armée comprend : 1° L'état-major général, celui de l'artillerie, du génie, des services administratifs ; 2° 2 divisions d'infanterie à 2 brigades de 2 régiments, soit 8 régiments d'infanterie, plus un bataillon de chasseurs ; 3° une brigade de cavalerie à

2 régiments ; 4° une brigade d'artillerie à 2 régiments ; 5° un bataillon de génie ; 6° un escadron du train des équipages ; 7° une section de secrétaires d'état-major et de recrutement ; 8° une section de commis et ouvriers d'administration ; 9° une section d'infirmiers.

A chaque subdivision de région est attaché un régiment d'infanterie qui a son dépôt au chef-lieu de la subdivision, et qui tire de cette subdivision les réservistes qui lui sont nécessaires pour passer au pied de guerre ; les autres troupes et services des corps d'armée reçoivent généralement leurs réservistes de l'ensemble de la région, par les soins particuliers d'un officier de l'état-major général chargé de centraliser le service du recrutement de la région.

Un bureau de recrutement, placé sous les ordres d'un officier supérieur, fonctionne dans chaque subdivision de région. On tient dans ce bureau les registres matricules du recrutement, ceux de l'incorporation du contingent dans l'armée active, de l'affectation aux différents corps des hommes de la disponibilité et de la réserve, du recensement annuel des chevaux, mulets et voitures ; un capitaine-major y tient, en outre, les contrôles de l'armée territoriale pour le régiment d'infanterie qui correspond à la subdivision ; à chaque région correspondent : un régiment de cavalerie, un régiment d'artillerie, un escadron du train des équipages, un bataillon du génie, une section de secrétaires, une section de commis ouvriers, une section d'infirmiers de l'armée territoriale. Le capitaine-major résidant au chef-lieu de la région est spécialement chargé de la tenue des contrôles pour les hommes de l'armée territoriale appartenant à toutes les armes autres que l'infanterie.

Les généraux de division et de brigade exercent généralement le commandement territorial sur les 2 et les 4 subdivisions de région auxquelles correspondent les régiments de leur brigade et de leur division.

Il existe, dans le commerce, une carte cantonale de la France donnant la division du territoire en régions et subdivisions et faisant connaître en outre les circonscriptions de recrutement des bataillons de l'armée territoriale.

Armée active proprement dite. — Elle comprend tous les militaires qui sont sous les drapeaux (1ʳᵉ et 2ᵉ portion, engagés et rengagés). Elle se compose de :

1° *Les corps de troupes de toutes armes.* — *Infanterie,* 144 régiments à 4 bataillons de 4 compagnies, plus 2 compagnies de dépôt. 30 bataillons de chasseurs à 4 compagnies plus 1 de dépôt : (18 de ces bataillons sont attachés aux 18 corps d'armée, 12 sont indépendants) 4 régiments de zouaves, 3 régiments de tirailleurs algériens, 1 légion étrangère, 3 bataillons d'infanterie légère d'Afrique. Ces régiments sont répartis par groupes de 4 et de 8 en 38 divisions et en 19 corps d'armée.

Cavalerie. — 77 régiments, dont 12 de réserve (cuirassiers), 26 de ligne (dragons), 39 de légère (20 de chasseurs, 12 de hussards; 4 de chasseurs d'Afrique; 3 de spahis). Les régiments de France ont 5 escadrons, ceux d'Afrique en ont 6. 19 escadrons d'éclaireurs peuvent être recrutés par des engagements spéciaux, 7 compagnies assurent le service de la remonte. 36 de ces régiments constituent 18 brigades (un régiment de dragons, un régiment de cavalerie légère) portant le numéro du corps d'armée correspondant : les autres régiments forment des brigades et des divisions indépendantes.

Artillerie. — 38 régiments à 13 batteries, constituant 19 brigades correspondant aux 19 corps d'armée dont elles portent le numéro ; (chaque brigade comprend en outre 3 compagnies du train d'artillerie se dédoublant en temps de guerre pour atteler les parcs d'artillerie et les équipages de pont ; 2 régiments de pontonniers (un seul existe); 10 compagnies d'ouvriers d'artillerie ; 3 compagnies d'artificiers.

Génie. — 20 bataillons dont 19 affectés au corps d'armée ; ils forment en temps de paix 4 régiments à 5 bataillons de 4 compagnies. Chaque régiment a, en outre, une compagnie de sapeurs conducteurs pour atteler les parcs du génie : 4 compagnies d'ouvriers militaires de chemin de fer.

Train des équipages militaires. — 20 escadrons, dont 19 attachés aux corps d'armée dont ils portent les numéros, chaque escadron à 3 compagnies se dédoublant en temps de guerre.

Gendarmerie. — 30 légions départementales subdivisées en 87 compagnies dont une pour chaque département et 2 pour la Corse. Une légion de gendarmes d'Afrique à 4 compagnies. La légion de gendarmerie mobile comprenant 1 bataillon à 8 compagnies et 1 escadron. La garde de Paris formant une légion composée de 3 bataillons à 8 compagnies et de 6 escadrons. 4 compagnies de gendarmerie coloniale.

2° *Services généraux et particuliers de l'armée.* — Service d'état-major. Corps d'inspection de l'administration (en projet). Etats-majors particuliers de l'artillerie et du génie. Intendance militaire. Corps des officiers de santé. 20 sections de secrétaires. 25 sections de commis d'ouvriers d'administration. 25 sections d'infirmiers. Les aumôniers. Les vétérinaires. Le personnel des bureaux de recrutement. Les services militaires de la trésorerie et des postes, de la télégraphie, des chemins de fer. Les écoles militaires. La justice militaire. Les dépôts de remonte. Le personnel des affaires indigènes en Algérie.

L'armée active proprement dite ne comprend en temps de paix

que des effectifs restreints. *Pour mobiliser*, c'est-à-dire pour prendre les effectifs de guerre, elle est complétée au moyen d'hommes venus des réserves. Sous le nom général de *réserves de l'armée active*, on comprend les militaires dont l'autorité peut disposer en temps de guerre quoiqu'ils se trouvent dans leurs foyers; ce sont : les disponibles, les hommes à la disposition du ministre, les réservistes et les non-disponibles, enfin les hommes de l'armée territoriale. Il convient de définir ces diverses catégories.

Disponibles. — Les hommes dits disponibles ont tous servi un temps plus ou moins long et appartiennent à l'une des cinq classes qui constituent l'armée active. Cette catégorie comprend : 1° les hommes de la deuxième portion renvoyés dans leurs foyers; 2° ceux qui n'ont été dispensés, en vertu de l'article 17 de la loi, que postérieurement à la décision du conseil de révision; 3° les engagés conditionnels après leur service fait; 4° les élèves sortis des Ecoles polytechnique et forestière qui n'entrent pas dans l'armée active; ces derniers ont droit à un brevet d'officier de réserve.

Les disponibles sont affectés à un corps ou service qu'ils rejoignent à la mobilisation; ils passent dans la réserve de l'armée active en même temps que leur classe; le ministre peut astreindre les hommes de la deuxième portion et les dispensés à des revues ou à des exercices.

Hommes à la disposition de l'autorité militaire. — A l'exception de ceux désignés sous le n° 3 ci-après, ces hommes n'ont jamais servi, ils ne passent pas dans la réserve de l'active; en cas de mobilisation, ils attendent une convocation spéciale. Cette catégorie comprend : 1° les jeunes gens de la classe à appeler depuis le 1er juillet jusqu'à l'appel; 2° ceux auxquels le conseil de révision a accordé soit la dispense en vertu de l'article 17, soit la dispense à titre de soutien de famille, soit un sursis d'appel; 3° ceux maintenus ou renvoyés dans leurs foyers par décisions militaires spéciales; 4° les engagés conditionnels ou assimilés ayant obtenu un sursis d'appel; 5° ceux classés dans les services auxiliaires de l'armée. Ceux classés ci-dessus sous le n° 3 peuvent être astreints par le ministre à des exercices.

Réservistes. — Au 30 juin de chaque année, les hommes qui ont terminé, soit sous les drapeaux, soit comme disponibles, cinq ans de service actif passent dans la réserve de l'armée active, où ils demeurent pendant quatre ans. Pendant ces quatre ans, ils sont assujettis à deux manœuvres d'une durée de vingt-huit jours.

Non-disponibles. — Afin d'assurer les services importants de l'Etat, on considère comme non-disponibles pour l'armée des hommes qui, par leur âge, feraient partie de l'armée active ou de l'armée territoriale. *En temps de paix*, les non-disponibles sont dispensés des

revues et manœuvres et des formalités à remplir pour changer de
domicile ou de résidence. *En cas de mobilisation,* ils sont soumis
aux lois militaires et attendent à leur poste les ordres de l'autorité
militaire. Ceux des non-disponibles qui perdent leurs droits à cette
situation doivent remettre leur titre militaire dans le délai de
quatre jours, à la brigade de gendarmerie de leur résidence.

Cette catégorie comprend : 1° les employés des compagnies de
chemin de fer qui ont adhéré aux propositions ministérielles, ceux
des postes et des télégraphes (ils fournissent aux armées le personnel nécessaire à ces trois services); 2° les gardes forestiers et les
douaniers (ils figurent dans les corps militaires du service des
forêts et des douanes); 3° les sapeurs-pompiers des places fortes
appartenant à l'armée territoriale; 4° les éclusiers, pontiers et gar-
diens de phares; 5° le personnel dépendant du ministre de la
marine; 6° un certain nombre d'hommes employés dans les établissements de la guerre. Les fonctionnaires de l'ordre judiciaire et les
commissaires de police appartenant à l'armée territoriale sont dispensés de rejoindre immédiatement en cas de mobilisation.

Armée territoriale. — Cette armée comprend : 1° tous les
hommes qui ont accompli les neuf ans de service prescrits pour l'armée
active et sa réserve et qui n'ont pas terminé les vingt ans de service
militaire exigés par la loi ; 2° les réservistes ou disponibles pères
de quatre enfants vivants. Des contrôles spéciaux, analogues aux
registres matricules de l'armée active, sont tenus pour l'armée territoriale par des capitaines-majors au chef-lieu de chaque subdivision
de région pour l'infanterie; au chef-lieu du corps d'armée pour les
armes spéciales. Les appels à l'activité ont lieu sur l'ordre du ministre. La réserve de l'armée territoriale ne forme pas de corps distincts : elle est appelée par classes, en commençant par la moins ancienne, de façon à renforcer, selon le besoin, les effectifs de l'armée
territoriale.

Nous avons vu que l'armée territoriale comprend 144 régiments
d'infanterie (plus 1 régiment *bis* à Aix), 18 régiments de cavalerie,
18 régiments d'artillerie, 18 bataillons du génie, 18 escadrons du
train des équipages.

**Titre ou pièce militaire que tout homme lié au ser-
vice doit posséder.** — Tous les hommes faisant partie de l'armée ou de ses réserves (à l'exception de ceux qui appartiennent
aux classes 1860 et précédentes) doivent posséder ce titre, qui est
pour la grande majorité le livret individuel. Suivant sa position un
homme peut avoir, au lieu du livret : un certificat de classement
dans les services auxiliaires..... : un sursis de départ..... : un certificat d'inscription sur les contrôles de la non-disponibilité.
L'homme doit emporter son titre dans tous ses déplacements et le

présenter à toute réquisition des autorités militaires, civiles ou judiciaires.

Obligations des hommes liés au service. — *Les militaires présents sous les drapeaux* ou au poste assigné ne prennent part à aucun vote ; ils ne peuvent pas exercer les fonctions municipales ni celles de jurés ; ils ne peuvent ni se marier ni s'absenter de leur résidence assignée sans permission ; leur domicile est le lieu de leur naissance. Ils ne peuvent exercer aucune profession ni se constituer mandataires ou agents d'entreprise. Ils sont justiciables des conseils de guerre pour tous crimes ou délits, sauf les infractions aux lois sur la chasse, la pêche, les douanes, les contributions indirectes, les octrois, les forêts ou la grande voirie. Ils sont dispensés des obligations de tutelle et de curatelle. Les effets des prescriptions légales sont suspendus en faveur des militaires qui font campagne ou sont envoyés hors du territoire français. La solde du soldat est insaisissable ; celle de l'officier ne peut être retenue que jusqu'à concurrence de 1/5 pour dettes, du 1/3 pour aliments fournis. Les officiers des corps de troupes sont dispensés de payer la cote personnelle mobilière et l'impôt des portes et fenêtres.

Mariage. — Tous les hommes de l'armée active qui ne sont pas considérés comme présents sous les drapeaux.... (ceux de la disponibilité et de la réserve) peuvent se marier sans autorisation ; ils n'en restent pas moins soumis aux obligations de leur classe : quand ils ont quatre enfants vivants, ils passent de droit dans l'armée territoriale.

Changements de domicile et de résidence des hommes des réserves. — *Le domicile* est le lieu où l'homme est fixé d'une façon qui paraît définitive. *La résidence* est le lieu habité momentanément sans que le domicile soit changé.

Pour changer de domicile, tout homme soumis au service militaire (dans l'armée active ou dans l'armée territoriale) doit : 1° faire sa déclaration à la mairie de la commune qu'il quitte et à la mairie de la commune où il arrive ; 2° faire viser son titre militaire par le commandant de la brigade de gendarmerie au point de départ et au point d'arrivée. Les maires délivrent un récépissé de la déclaration et font connaître la mutation au commandant de recrutement de la subdivision. Si l'homme réside déjà dans la commune où il veut établir définitivement son nouveau domicile, la déclaration et le visa d'arrivée précèdent ceux de départ. A l'étranger, le consul français remplace le maire, mais l'homme reste sous les ordres du commandant de recrutement de son dernier domicile en France. Quand l'homme, par suite de sa mutation, change de circonscription de réserve, il est affecté au corps qu'alimente la circonscription de son nouveau domicile.

Pour changer seulement de résidence, l'homme doit faire sa déclaration dans un délai de deux mois, verbalement ou par écrit, à la gendarmerie de sa nouvelle résidence ; il est donné reçu de cette déclaration sur le titre militaire.

Les déplacements pour voyager pendant au moins deux mois ont lieu dans les mêmes conditions, sauf que les formalités sont remplies à la gendarmerie du point de départ.

Les hommes qui ont fait régulièrement les déclarations exigées obtiennent, en cas de convocation, des délais pour rejoindre, en raison de la distance à parcourir. Tout homme absent de son domicile doit, dans ce cas, rejoindre son corps directement et sans intervention de l'autorité militaire. Ceux domiciliés ou résidant à l'étranger peuvent être dispensés des manœuvres du temps de paix ;

En ne remplissant pas ces formalités, les hommes s'exposent à l'emprisonnement et à l'amende.

Nota. — Les chapitres qui précèdent ont été traités avec quelque détail, afin de donner aux sous-officiers et aux conditionnels rentrés dans leurs foyers, la facilité de renseigner exactement leurs concitoyens et de répondre à toute question concernant le recrutement et le service militaire.

TITRE II.

ADMINISTRATION DES PETITES UNITÉS
(Compagnie, escadron, batterie).

CH. Iᵉʳ. — DÉFINITIONS. — CONSEIL D'ADMINISTRATION.

L'administration militaire a pour objet de pourvoir à tous les besoins des soldats ; elle leur procure la solde, le logement, la nourriture; le chauffage et l'éclairage, l'habillement, l'équipement, l'armement.

L'Etat considère chaque corps de troupe comme une personnalité qu'on appelle, en termes administratifs, *partie prenante collective,* parce qu'elle perçoit en bloc tout ce qui est nécessaire à la collection de soldats dont se compose le corps de troupe.

En matière d'administration, *la gestion* consiste à percevoir l'argent..... (*prestations en deniers*), la nourriture, le chauffage, les effets..... (*prestations en nature*), et à les distribuer aux soldats selon leurs droits. Les écritures de toute nature destinées à prouver que cette gestion s'est faite régulièrement constituent la *comptabilité.*

Il existe dans chaque corps de troupe un *conseil d'administration* qui sert d'intermédiaire entre l'Etat et la troupe.

Quand le corps est réuni, le conseil se compose de *sept membres pour un régiment :* le colonel, président; le lieutenant-colonel; un chef de bataillon; le major, rapporteur; un capitaine de compagnie; le trésorier, secrétaire ; l'officier d'habillement. Il se compose *de cinq membres pour un bataillon formant corps :* le commandant du corps, président; le major, rapporteur ; un capitaine de compagnie ; le trésorier, secrétaire ; l'officier d'habillement.

Quand certaines fractions du corps stationnent dans un département autre que celui où réside le dépôt, il y a au dépôt *un conseil d'administration central* composé d'ordinaire comme quand le régiment est réuni. Si le colonel et le lieutenant-colonel sont aux fractions détachées, le conseil central est de cinq membres, sous la présidence de l'officier supérieur le plus ancien. Chaque portion détachée, forte d'un bataillon au moins, a un *conseil éventuel* de cinq membres : le commandant de la portion du corps, président; l'officier qui prend rang après lui; un capitaine de compagnie;

l'officier payeur, secrétaire; l'officier délégué pour l'habillement.

Dans les détachements comprenant moins d'un bataillon, l'administration est exercée par l'officier commandant.

Le conseil dirige l'administration et surveille la gestion des capitaines de compagnie, du capitaine trésorier et du capitaine d'habillement; passe, avec l'approbation du sous-intendant, les marchés et abonnements pour toutes les fournitures, confecotins et réparations dont la dépense est à la charge des masses générales ou doit être liquidée par le ministre. Pour acheter et recevoir *les effets de petit équipement* payés par les masses individuelles des hommes, le conseil s'adjoint trois officiers de compagnie. Il quittance les mandats établis au profit du corps, lesquels *sont perçus chez le payeur de l'Etat par le trésorier.* Il reçoit les matières, effets et armes....., arrête les registres de comptabilité, certifie les pièces comptables, remet au trésorier les fonds nécessaires pour le service courant.

Le conseil ne pourrait pas entrer dans le détail des besoins de chaque soldat; il *a pour agents* naturels *les commandants de compagnie, d'escadron ou de batterie.* Le capitaine a un rôle analogue à celui de la mère de famille; c'est lui qui pourvoit aux besoins de chacun de ses soldats.

Le major est spécialement chargé, sous la direction du colonel, des questions administratives.

Le capitaine trésorier tient la comptabilité en deniers et les archives du corps, il est le secrétaire du conseil d'administration.

L'officier d'habillement est chargé des magasins, confections et réparations, il tient la comptabilité et les écritures relatives aux matières.

Ch. II. — CONSTATATION DES DROITS. — CONTRÔLES TRIMESTRIELS. — SITUATION JOURNALIÈRE.

Contrôle des hommes. — On appelle *contrôle trimestriel* une liste nominative sur laquelle figurent, par ancienneté dans chaque grade et classe, les officiers et hommes de troupe d'une compagnie. Chaque homme y occupe une case portant un *numéro trimestriel,* il y est indiqué nominativement et par son numéro matricule. Toutes les mutations individuelles des officiers et hommes de troupe sont inscrites en face de chaque nom à mesure qu'elles se produisent. Les militaires promus à une classe ou à un grade supérieur, ou bien à un autre emploi sont inscrits, au moment de leur muta tion, dans les cases laissées en blanc à la suite de chaque grade ou emploi. Les mouvements de la compagnie, de l'escadron ou de la batterie y sont également portés ; *le contrôle établit donc les droits de chacun aux diverses prestations* en deniers ou en nature *et sert de base à toute la comptabilité.*

Il est tenu un contrôle pour l'état-major et la section hors rang par le capitaine d'habillement, un pour chaque compagnie et un pour les subsistants ; leur réunion forme le contrôle général du corps.

Chaque trimestre, les commandants de compagnie établissent, sur des imprimés fournis par l'intendance, leur contrôle trimestriel en deux expéditions : la première est destinée au sous-intendant chargé de la surveillance administrative du corps, la seconde au major.

Contrôle des chevaux. — Ce contrôle est tenu par trimestre par les capitaines dans les troupes à cheval comme celui des hommes. Chaque cheval est désigné par le numéro de sa case, son nom et son signalement. Il y a trois catégories : chevaux de selle, de trait et mulets. Dans l'infanterie, les animaux de trait ou de bât sont portés sur le même contrôle que les chevaux d'officiers.

Situation journalière. — *Son utilité pour la tenue des contrôles.* Le rapport des vingt-quatre heures est établi tous les matins par le sergent-major ou le maréchal des logis chef conformément au modèle donné par l'ordonnance sur le service intérieur ; il est vérifié et signé par le capitaine. Il comprend deux parties : 1° la situation proprement dite ; 2° les mutations ; ces deux parties peuvent être séparées.

La situation donne la décomposition de l'effectif total en : présents sous les armes ; présents non disponibles (à l'infirmerie, malades à la chambre, etc.); absents de diverses catégories. La position d'absence est celle du militaire qui n'est pas présent au drapeau, ou n'est pas en route pour s'y rendre.... (à l'hôpital, en congé, etc.). *Au verso* figurent les demandes, punitions, comptes rendus.

Au bas de la situation figurent nominativement, au verso et recto, de la feuille, les mutations survenues dans les vingt-quatre heures. Les situations des compagnies sont fondues en situations d'ensemble, pour chaque bataillon, et ces dernières servent à faire la situation générale du corps. Toutes les pièces à l'appui des mutations sont jointes à la situation, et l'ensemble de ce dossier constitue pour chaque compagnie, escadron ou batterie, le rapport des vingt-quatre heures. Ces rapports arrivent au major, qui vérifie les mutations; ils sont ensuite transmis au trésorier. Celui-ci inscrit les totaux au registre d'effectif du corps, détache des rapports la partie contenant les mutations et l'envoie au major ; le major tient à jour son contrôle trimestriel et envoie les mutations au sous-intendant qui, de son côté met à jour son contrôle.

Dans chaque compagnie, escadron ou batterie, les totaux de la situation et les mutations sont inscrites chaque jour au chapitre III du livre de détail (voir ci-après).

Ch. III. — SOLDE. — NOURRITURE. — CHAUFFAGE ET ENTRETIEN DE L'HOMME. — MASSE INDIVIDUELLE.

Arrivée au corps d'un jeune soldat. — Le jeune soldat est présenté au major qui, après constatation de son identité, le fait immatriculer par le trésorier sur les contrôles du corps et le place dans une compagnie. Le numéro, sous lequel le militaire est inscrit est son *numéro matricule*, qu'il conserve jusqu'à ce qu'il quitte le corps ou soit nommé officier. Visite médicale constatant que le nouveau venu est bon pour le service. Le livret individuel et le livret matricule sont remis à la compagnie, vérifiés et complétés, s'il y a lieu. L'homme est inscrit sur le contrôle trimestriel de la compagnie, classé dans une escouade et placé dans une chambrée.

Prestations en deniers. — Elles comprennent : *la solde proprement dite : les accessoires de solde* (indemnités et hautes payes) : *la masse individuelle. Les droits à ces prestations résultent de la position.*

Solde. — La solde est destinée à *pourvoir à la nourriture de l'homme,* concurremment avec la ration journalière de pain et de viande en paix et, en outre, avec les vivres de campagne en guerre ; une partie qui ne peut être moindre que 5 centimes par jour pour les soldats de 2ᵉ classe est distribuée aux hommes comme *centimes de poche.*

La solde s'alloue dans les positions de présence, sauf le cas où l'homme étant isolé, reçoit une indemnité spéciale en remplacement de la solde. *L'homme absent n'a droit à aucune solde,* mais il peut, dans certaines circonstances, recevoir l'indemnité de route. *Les hommes de recrue,* une fois formés en détachement, reçoivent jusqu'à leur arrivée au corps, avec le pain, une solde de 0 fr. 55 c. par jour, quelle que soit leur arme. Les jeunes soldats voyageant isolément, les engagés, les rengagés ont droit à la solde, du jour même de leur incorporation s'ils n'ont pas reçu pour ce jour l'indemnité de route, et dans le cas contraire à dater du lendemain.

Les droits à la solde cessent du lendemain du jour où le militaire est mort, ou a été fait prisonnier de guerre, ou s'est absenté irrégulièrement. Le militaire libéré, reformé, rayé des contrôles pour quelque cause que ce soit ou s'absentant régulièrement, est payé de ce qui lui est dû et n'a plus droit à la solde du jour de sa mise en route.

L'homme de troupe reçoit, suivant son grade, une solde qui reste la même dans toutes les circonstances ; seulement, *en temps de paix*, il perçoit par jour, outre sa solde, une ration de pain et de viande · *en route par détachement*, il reçoit, de plus qu'en station, une indemnité spéciale ; *sur le pied de guerre*, il perçoit, de plus que sur le pied de paix, les vivres de campagne.

La solde journalière dans l'infanterie est de 2 fr. 57 pour l'adjudant, 1 fr. 17 pour le sergent-major, 0 fr. 87 pour le sergent, 0 fr. 42 pour le caporal, 0 fr. 40 pour le tambour ou clairon, 0 fr. 30 pour le soldat de 1re classe, 0 fr. 25 pour le soldat de 2e classe. Dans les autres armes la solde est un peu plus élevée.

Hommes mis en subsistance. — Le soldat en position de présence qui, ne se trouvant pas à son corps, est mis en subsistance dans un autre corps, y reçoit la solde affectée à ce corps. S'il est mis en subsistance dans un dépôt d'isolés appartenant à divers corps ou armes, il y reçoit la solde affectée au soldat d'infanterie. Les cavaliers du train des équipages et les spahis reçoivent la solde de leur arme, quel que soit le corps où ils sont mis en subsistance.

Hautes paies d'ancienneté. — Elles sont acquises après le 1er et le 2e rengagement, elles ne se cumulent pas. La première est de 0 fr. 30 par jour pour les sous-officiers, 0 fr. 12 pour les soldats et caporaux ; la deuxième est de 0 fr. 50 pour les sous-officiers, de 0 fr. 15 pour les caporaux et soldats.

Indemnités. — *Indemnité de route. Feuille de route.* Cette indemnité, due à tout militaire voyageant isolément par ordre, lui permet de subvenir, sans le secours de la solde, à son transport et à sa nourriture en route. Elle se distingue en *indemnité de transport* et en *indemnité journalière*, dite *aussi indemnité de séjour.*

Pour les caporaux et soldats, l'indemnité de transport est de 0 fr. 017 par kilomètre en chemin de fer et de 0 fr. 135 par kilomètre en diligence. L'indemnité journalière de séjour est de 1 fr. 25.

La feuille de route est indispensable à tout homme qui marche isolément. Elle peut être remplacée par un sauf-conduit délivré par un maire, ou par un ordre de route, ou par une permission délivrée par l'autorité militaire. La feuille de route, avec ou sans indemnité de route, ou le titre qui la remplace, donne droit au logement chez l'habitant et au voyage à prix réduit en chemin de fer, en 2e classe pour les sous-officiers, en 3e classe pour les soldats.

Elle fait connaître l'itinéraire à suivre, les délais de route, les droits du militaire aux allocations, les mandats qui lui ont été remis, etc... Elle est valable pour toute la durée d'un voyage aller et retour, mais seulement entre les points et dans les limites de temps qu'elle indique.

A son arrivée à destination, le militaire doit présenter sa feuille de route au visa du sous-intendant militaire ou de son suppléant ou, à son défaut, à celui du commandant de la gendarmerie. Il la fait viser de même pour le retour. — L'itinéraire doit être exactement suivi; le soldat qui s'en écarte peut y être ramené par la gendarmerie. Un soldat qui perd sa feuille de route s'adresse au sous-intendant ou à son suppléant légal. Le temps pendant lequel la route doit être faite, ou *le délai de route*, est fixé en raison de la distance à franchir et selon que le militaire doit voyager en chemin de fer, en diligence, en bateau, ou à pied.

Tout homme qui, sans motif justifié, n'arrive pas à destination dans le délai fixé doit être puni. S'il est obligé de séjourner en route par suite d'une cause indépendante de sa volonté, il s'adresse à l'autorité militaire ou à la gendarmerie, qui constate sur la feuille de route la nécessité du séjour et en fixe la durée.

Lorsque le soldat a droit à l'indemnité de route, le sous-intendant militaire ou son suppléant autre qu'un maire (savoir major de place, commandant de place, conseiller de préfecture, sous-préfet) lui délivre un *mandat de paiement* de l'indemnité calculée depuis le point de départ jusqu'à destination. Le soldat se présente avec ce mandat chez le payeur ou son suppléant le jour même, ou au plus tard le lendemain du jour où il l'a reçu.

Isolé tombant malade. — Tout soldat isolé qui tombe malade se présente chez le sous-intendant ou chez le commandant de place ou, à défaut, chez le commandant de gendarmerie du lieu pour demander un billet d'hôpital. Dans les cas graves, il peut être admis à l'hôpital d'urgence et sans billet.

Avances d'argent aux isolés. — Le soldat voyageant sans avoir droit à l'indemnité de route peut, en cas d'urgence, recevoir une avance en argent pour subvenir aux frais de son voyage jusqu'à destination. Cette avance, remboursable sur sa masse, ne doit pas dépasser l'indemnité de route qui lui aurait été allouée pour le même voyage.

Isolé voyageant en bateau. — Le passage gratuit, sur les navires de l'Etat, ou autres bâtiments sur lesquels l'Etat peut embarquer ses passagers, est dû aux soldats voyageant isolément par ordre, ou allant en congé de convalescence ou en revenant, ou quittant l'armée active pour rentrer dans leurs foyers, soit en France, soit en Corse, soit en Algérie. Dans les autres cas, le passage gratuit ne peut-être accordé qu'à titre gracieux par le Ministre de la guerre ou par l'autorité militaire déléguée à cet effet.

Les soldats sont passagers de 4° classe sur les navires de l'Etat, ils sont nourris à la ration et couchés dans des hamacs; sur les bâtiments du commerce, *ils sont traités d'une manière analogue,* d'après les conventions passées avec l'État. En tout cas le soldat transporté et nourri n'a droit à aucune indemnité pendant la traversée.

Indemnité en rassemblement. — Elle est allouée, dans certaines garnisons, à raison de 0 fr. 10 c. pour les sous-officiers et de 0 fr. 05 c. pour les caporaux et soldats, par jour ; elle est versée à l'ordinaire pour compenser la cherté des vivres.

Indemnité pour résidence dans Paris. — Elle est par jour de 0 fr. 40 c. pour les sous-officiers, et de 0 fr. 07 c. pour les caporaux et soldats.

Indemnité aux troupes en marche. — Elle est de 0 fr. 10 c. pour les caporaux et soldats, de 0 fr. 25 pour les sous-officiers, et ne se cumule ni avec l'indemnité en rassemblement ni avec la perception des vivres de campagne. Il faut six hommes au moins pour constituer un détachement.

Indemnité de première mise d'équipement. — Allouée aux sous-officiers promus adjudants ou sous-lieutenants.

Des indemnités représentatives de vin et d'eau-de-vie sont allouées en remplacement de ces rations. Les troupes des corps d'armée numérotés de 1 à 13 ont droit à la ration d'eau-de-vie ou à l'indemnité représentative du 21 juin au 31 août ; les troupes des 14e, 15e, 16e, 17e et 18e corps y ont droit du 1er juin au 30 septembre. Cette indemnité est versée à l'ordinaire et sert à donner du café aux hommes. Les hommes ne vivant pas à l'ordinaire peuvent recevoir une *indemnité représentative de viande* à raison de 0 fr. 26 c. par jour.

Paiement de la solde. La solde et ses accessoires sont payés par le trésorier aux capitaines, à titre de *prêt,* les 1er, 6, 11, 16, 21 et 26 de chaque mois, pour les jours écoulés entre chacune de ces dates et la suivante. Le prêt est payé à terme échu en campagne et en station quand l'ordinaire est administré par une commission ; il est perçu d'avance quand la troupe est en marche ou que les ordinaires se pourvoient directement sans commission.

Le sergent-major établit *la feuille de prêt* sur un imprimé que fournit le trésorier. La première colonne donne la désignation des grades ; la deuxième le nombre d'hommes présents le premier jour du prêt ; la troisième le nombre de journées (obtenu en multipliant les chiffres de la deuxième colonne par celui des jours formant la période du prêt) ; la quatrième colonne donne le décompte en deniers (obtenu en multipliant le nombre de journées par la solde de chacun).

Les mutations survenues depuis le paiement précédent sont portées nominativement au verso de la feuille ; elles donnent lieu à des augmentations ou à des diminutions dont le décompte est porté au-dessous du total de la quatrième colonne. Ce total étant de nouveau arrêté, on y ajoute le décompte des hautes paies d'ancienneté et des indemnités.

En additionnant ces accessoires avec le restant pour solde, on obtient le montant total du décompte. Ce décompte est certifié en toutes lettres par le capitaine et touché chez le trésorier par le sergent-major, sous la responsabilité du capitaine, auquel il est remis.

Le prêt se divise en deux parties; la première, destinée aux dépenses de l'ordinaire, assure avec le pain et la viande fournis par l'Etat, la nourriture des hommes : la seconde est payée comme centimes de poche aux soldats vivant à l'ordinaire. Les hommes dispensés de vivre à l'ordinaire reçoivent, à titre de *prêt franc*, la totalité de leur solde.

Vivres. — *Sur le pied de paix*, quand le soldat est présent, il a droit chaque jour :

1° A 750 grammes de pain.

(Le biscuit est distribué, en remplacement de pain, à raison de 550 grammes par ration, fréquemment en campagne et quelquefois en temps de paix).

2° A 300 grammes de *viande fraîche*, ou de *bœuf salé*, ou bien à 240 grammes de *lard salé*, ou bien à 200 grammes de *viande de conserve*, y compris la graisse et la gelée, ou bien à 170 gr. de *soupe-pâté*.

Les troupes campées à l'intérieur ont droit par jour aux 3/4 d'une ration de sucre et de café à titre gratuit.

Sur le pied de guerre, le soldat reçoit en outre, par jour, une ration de *petits vivres* comprenant : 30 grammes de *riz* ou bien 60 grammes de *légumes secs* qui se composent de l'une des denrées ci-après : pois, haricots, fèves, lentilles, conserves de légumes comprimés. (Dans la pratique, on remplacera parfois le riz par 60 grammes de gruau ou d'orge, les légumes secs par 750 grammes de pommes de terre ou bien par 1 kilogramme de légumes verts, ou bien par 300 grammes de choucroute), 16 grammes de *sel*, 21 grammes de *sucre*, 16 grammes de *café* torréfié, ou bien 19 grammes de café vert.

Une ration journalière de *liquide* peut être distribuée sur l'ordre du Ministre ou du commandant en chef de l'armée; elle se compose, soit de 1/4 de litre de *vin*, soit de 0,625 de litre d'eau-de-vie, soit de 1/2 litre de bière ou de cidre.

Chauffage. — *Pour la cuisson des aliments*, chaque compagnie, escadron ou batterie reçoit une ration collective qui varie avec le genre de fourneaux en service. Au camp ou au bivouac, chaque homme a droit à une ration individuelle de 1 kil. 20 de bois ou de 0 kil. 60 de charbon, plus 0 kil. 05 de bois ou 0 kil. 03 de charbon pour le café; les sous-officiers ont double ration.

Pour le chauffage des chambres, chaque compagnie a droit à une ration collective destinée à alimenter trois feux ; la répartition dans les chambrées est faite par ordre du colonel. *Cette ration varie suivant la région. Région chaude* : 20 kilog. de bois ou 12 kilog. de charbon, du 1er décembre au 18 février : *Région tempérée*, 25 kilog. de bois ou 15 kilog. de charbon, du 16 novembre au 15 mars : *Région froide*, 30 kilog. de bois ou 18 kilog. de charbon, du 1er novembre au 31 mars. Chaque ration de charbon est accompagnée de trois fagots d'allumage.

Quand la compagnie a moins de 35 hommes, on perçoit des rations individuelles : à raison de 500, 700 ou 800 grammes, par homme caserné, suivant la région : à raison de 1 kil., 1 kil. 200, par homme campé ou baraqué, suivant la région ; les troupes bivouaquées reçoivent 1 kil. 200 par homme et par jour.

Ordinaire. — On appelle ordinaire tout ce qui, en dehors du pain et de la viande, sert à nourrir les hommes et à entretenir leurs effets et de plus tout ce qui est commun dans une compagnie.

Les fonds d'ordinaire sont destinés à fournir aux hommes : 1° pain de soupe ; 2° les légumes de toute nature, épice, pâte, etc., destinés à faire la soupe avec les 300 grammes de viande fournis journellement par l'Etat ; 3° l'éclairage des chambres, les balais de propreté, les ingrédients pour le marquage des effets, les sabots de cuisine ; 4° le rasage des hommes à raison de 0 fr. 10 c. par tête et par mois (les cheveux sont coupés gratis); 5° le blanchissage du linge de corps (une chemise, un caleçon, un mouchoir de poche par semaine), et du linge de cuisine ; 6° l'huile et la graisse pour l'entretien des armes, de l'équipement, de la chaussure et de la coiffure.

L'ordinaire s'alimente par la retenue faite sur la solde journalière de chaque homme et aussi par des produits additionnels, tels que : les versements faits par les travailleurs en ville, les services payés à la compagnie, la vente des os et eaux grasses, les centimes de poche des hommes punis de prison ou absents irrégulièrement le dernier jour du prêt.

Les dépenses consistent dans l'achat des vivres, des ingrédients de propreté, le paiement du blanchissage, du rasage, etc...

Chaque compagnie forme un ordinaire, mais, au lieu d'acheter directement, elle reçoit ce qui lui est nécessaire de la *commission des ordinaires*, qui achète en bloc pour le corps tout entier. Cette commission se compose de : un chef de bataillon président, quatre capitaines de compagnie, un lieutenant ou sous-lieutenant secrétaire (elle est assistée de deux sous-officiers ; elle se renouvelle par **moitié trois fois l'an) Les denrées achetées sont emmagasinées et** distribuées tous les jours aux compagnies, en présence d'un officier de la commission.

Le secrétaire de la commission est informé chaque jour, sur le vu du *livret d'ordinaire* des compagnies, des quantités nécessaires à chacune d'elles pour le lendemain. Le livret d'ordinaire est tenu dans chaque compagnie, il sert pendant une année; on y inscrit par périodes correspondant à un prêt, les dépenses supportées par l'ordinaire. Le modèle de ce livret est donné par le service intérieur.

Les comptes sont arrêtés tous les cinq jours ; l'excédant entre les recettes et les dépenses forme une réserve qui s'appelle *boni;* ce boni sert à donner du vin ou du café et à améliorer la nourriture dans certaines circonstances.

L'ordinaire donne au soldat par jour deux repas composés habituellement d'une soupe avec viande ou bien d'un rata. Le pain de soupe est acheté par l'ordinaire à raison de 250 grammes par homme. Pendant les chaleurs et à des époques fixées, il est accordé une ration hygiénique de 0,3125 de litre d'eau-de-vie qui peut être convertie en une indemnité servant à donner du café aux hommes.

Les distributions sont faites dans les conditions prévues par le service intérieur et le service en campagne, pour le pain tous les deux jours, pour la vianche fraîche tous les jours, pour le chauffage et les vivres de campagne tous les quatre jours ; pour chaque distribution et pour chaque nature de denrées, les compagnies établissent des bons de pain, de viande, de chauffage. Pour les vivres d'ordinaire, *les bons des compagnies* indiquent le nombre de jours pour lesquels est faite la distribution et le décompte en rations d'après l'effectif présent au jour de la distribution. Le trésorier établit avec les bons des compagnies le bon de distribution du corps. Les bons signés par le trésorier, visés par le major, sont enregistrés par le sous-intendant.

En route, l'ordinaire se fait par escouade dans le logement du caporal ou dans chaque logement. Chaque ordinaire pourvoit à ses achats au moyen de la solde augmentée du supplément en route. Il n'est fait qu'une soupe par jour, excepté aux séjours, où il en est fait deux.

En campagne, les ordinaires se forment par groupe de 12 à 16 hommes, autant que possible par escouade. L'ordinaire reçoit les vivres de campagne. Pour les dépenses restant à sa charge, achat du pain de soupe, des légumes frais...., il s'alimente par un versement journalier moindre que sur le pied de paix.

Masse individuelle. — La masse individuelle est une somme fournie au soldat par l'État, à son arrivée et à titre de première mise, pour payer ses effets de petit équipement ainsi que les dégradations ou pertes dont il est responsable et pour rembourser les avances qui peuvent lui être faites en route, lorsqu'il voyage isolément. Cette première mise est de 40 francs pour l'infanterie, de 49 francs pour le génie et l'artillerie à pied, de 75 francs pour les troupes à cheval; elle est alimentée par une prime journalière de 0 fr. 12 c., 0 fr. 13 c., 0 fr. 14 c. suivant les armes pour chaque journée de présence. Le droit à la prime s'acquiert et se perd dans les mêmes conditions que le droit à la solde. Pour la deuxième portion du contingent la première mise et la prime sont de 37 francs et de 0 fr. 06 c. dans l'infanterie, de 57 francs et de 0 fr. 06 c. dans l'artillerie et le train.

En campagne, la prime journalière est augmentée de 0 fr. 05 c. On voit, en définitive, que le fonds de la masse individuelle a des recettes fixes et des dépenses variables suivant le plus ou moins de soin avec lequel l'homme entretient ses effets.

La *masse est en débet* quand, par suite d'un excédant de dépenses, le soldat redoit à l'Etat, *en avoir* quand les recettes dépassent les dépenses, *au complet* quand l'avoir est de 35 francs au moins dans l'infanterie, de 40 francs dans le génie et l'artillerie à pied, de 55 francs dans les troupes à cheval; dans ce dernier cas l'homme reçoit le surplus de ce complet réglementaire. Cette somme, que l'on nomme *décompte*, est payée à l'homme au commencement de chaque trimestre, époque à laquelle les comptes de la masse sont arrêtés.

La masse est la propriété de l'homme et lui est payée le jour de sa radiation des contrôles, sauf une *retenue* de 12 francs pour l'homme à pied et de 20 francs pour l'homme à cheval, s'il a quitté le corps par anticipation avant la date de sa libération.

Compte courant de la masse individuelle. — Ce compte est porté sur le livret matricule et sur le livret individuel de chaque soldat. *Les recettes sont inscrites : la première mise ou son supplément*, au moment de l'incorporation ou de la mutation ; *le produit de la prime journalière*, le 1er jour de chaque trimestre pour les journées acquises pendant le trimestre précédent; *les versements volontaires faits par les hommes*, au moment de leur remise entre les mains du capitaine.

Les dépenses sont inscrites : le décompte payé et l'avoir des hommes rayés des contrôles, au moment du paiement ; *le prix des effets fournis*, au moment de leur remise à l'homme ; *le prix des réparations*, au jour de la signature par le capitaine du bon de réparation ; *les pertes et dégradations d'effets de casernement, de campement, de bâtiments militaires imputées à l'homme*, sur le vu de l'état de répartition dressé par l'officier de casernement, ou au moment de la mutation de l'homme, sur une note estimative approuvée par le major ; *la moins-value des effets et armes perdus ou mis hors de service,* lorsque le sous-intendant a approuvé le bulletin d'imputation ; *le montant des mandats délivrés aux hommes voyageant isolément,* lorsque le capitaine reçoit la feuille de route ou communication du mandat.

Le premier jour de chaque trimestre, et quand un soldat entre en position d'absence ou change de compagnie, d'escadron ou de batterie, le compte courant de sa masse est balancé, arrêté et signé par le capitaine sur le livret individuel ; si l'homme quitte le corps, ce compte est signé en outre sur le livret matricule par l'homme et par le capitaine. En campagne, on se borne à inscrire sur les livrets les recettes et les dépenses ; les comptes ne sont arrêtés que dans le trimestre qui suit la clôture des opérations.

Chaque trimestre le capitaine établit une *feuille de décompte* résumant la gestion des masses individuelles pour le trimestre écoulé, constatant les recettes et les dépenses et faisant ressortir les excédants du complet réglementaire de la masse. Ces excédants sont payés au capitaine par le trésorier, après vérification et production *d'états nominatifs* indiquant le numéro trimestriel, le nom et le grade des intéressés, ainsi que la somme à payer à chacun d'eux ; ces états sont certifiés et quittancés par le capitaine et vérifiés par le major.

Ch. IV. — Remise a l'homme de ses effets et de ses armes. — Réformes. — Réintégrations. — Dégradations. Réparations.

Logement de l'homme. — Le fourrier remet au soldat une fourniture de couchage dont ce dernier est responsable. *La fourniture de couchage se compose :* d'une couchette ou d'un châlit, d'une paillasse dont la paille est changée tous les six mois, d'un matelas et d'un traversin rebattus tous les six mois, d'une paire de draps échangée tous les 20 jours, du 1er mai au 30 septembre, tous les 30 jours, du 1er octobre au 30 avril, d'une couverture et d'un couvre-pied du 15 octobre au 15 avril.

Cette fourniture peut être dédoublée et placée sur la couchette, le châlit ou le lit de camp ; *chaque demi-fourniture comprend :* soit le matelas, un traversin en paille, un drap plié en sac et deux couvertures de campement ; soit la paillasse, le traversin en laine, deux draps, la couverture et suivant la saison, le couvre-pied règlementaire.

Sous la tente, chaque homme reçoit 5 kilog. de paille de couchage tous les 15 jours et à chaque changement de position du camp.

Habillement. Armement. Equipement. Campement. — *Le service de l'habillement* comprend, sous cette détermination générale, cinq grandes divisions ayant chacune leur comptabilité distincte : 1° *l'habillement* (vêtement proprement dit, coiffure, et grand équipement); 2° *le harnachement; 3° le petit équipement; 4° le campement; 5° l'armement.* L'officier d'habillement est responsable de l'emmagasinement, de la conservation, des confections, réparations, distributions et expéditions concernant tout ce service. Les magasins contiennent un approvisionnement d'effets de toute nature (circulaire du 20 septembre 1875), suffisant pour tous les besoins du corps en cas de guerre. Une durée réglementaire est assignée à chaque effet.

Habillement. — Les effets d'habillement sont dits *de première catégorie;* leur durée se compte par le nombre de trimestres pendant lesquels l'effet a été au service. *Les effets* de coiffure et de grand équipement sont dits *de deuxième catégorie;* leur durée se compte par années et n'est pas suspendue par la réintégration en magasin ; la nomenclature de ces effets figure sur le livret matricule et sur le livret individuel: le trimestre ou l'année de mise en service sont toujours comptés complets. *Les effets sont alloués à titre de première mise* aux soldats nouvellement venus, et *à titre de remplacement* lorsqu'ils ont été réformés, généralement après avoir accompli la durée réglementaire. En cas d'urgence, le remplacement a lieu immédiatement au compte de l'Etat si la responsabilité du détenteur n'est pas engagée, au compte de la masse individuelle si la mise hors de service a eu lieu par la faute de l'homme. En campagne, des ordres émanés du commandement fixent la durée des effets de première catégorie et l'époque de leur remplacement.

Distribution des effets et armes aux capitaines des compagnies, escadrons ou batteries. — Pour percevoir des effets, le sous-officier comptable établit un *bon* nominatif *des effets de la première et de la deuxième catégorie et des armes nécessaires aux hommes dénommés ci-après,* approuvé d'avance par le major et signé, après réception, par le capitaine qui donne reçu des quantités en toutes lettres. Ce bon spécifie les noms, grades et numéros matricules des hommes, la nature et la quantité des effets demandés, les motifs de la demande ; chaque effet est désigné par son numéro de série ; le bon est totalisé en distinguant les effets neufs de ceux en cours de durée.

Les sous-officiers reçoivent comme première mise, et pour la tenue la plus propre, des effets neufs ; les engagés conditionnels ne reçoivent que des effets neufs ; les effets en cours de durée qui sont le plus près d'atteindre le terme de leur durée sont d'ordinaire utilisés les premiers. Les hommes nouvellement arrivés sont habillés et équipés lorsqu'ils ont été soumis à la visite du médecin du corps et reconnus définitivement propres au service. Pendant qu'on habille les hommes, le sergent-major note leurs *mesures ou pointures*, qui sont reportées sur les livrets individuels, afin de rendre plus expéditive l'opération de l'habillement, dans un cas pressé, le jour d'une mobilisation par exemple.

Réforme des effets et armes.—Elle a lieu : 1° à l'inspection générale ou à la revue trimestrielle précédente ; 2° à la revue trimestrielle de janvier, seulement pour les effets d'habillement complétement mauvais qui ont accompli leur durée réglementaire ou l'accompliront avant le 1er avril. Les effets en service sont proposés par les commandants de compagnie, ceux du magasin le sont par l'officier d'habillement ; le conseil d'administration, le sous-intendant et l'intendant inspecteur, s'il y a lieu, donnent leur avis ; le général prononce en passant la revue. Les effets réformés et reversés en magasin sont tarés au moyen des lettres H. S. (hors de service). Ils servent pour les réparations, pour habiller les enfants de troupe, pour certains services spéciaux, pour recouvrir les petits bidons ; on en donne en échange aux hommes quittant le corps. Ceux qui ne servent à rien sont livrés aux Domaines et vendus au profit de l'Etat.

Dépôt éventuel des effets au magasin. — Ce dépôt a lieu, pour les effets et les armes des hommes entrant en position d'absence; une note indique les dégradations reconnues après examen; cette note, signée par le capitaine, est reproduite sur les livrets matricule et individuel après l'arrêté du compte de la masse individuelle

Réintégration en magasin. — Sont réintégrés en magasin, pour être ultérieurement remis en service, tous les effets qui, quoique non réformés, ne doivent plus servir à leur détenteur; ce sont des effets provenant des hommes rayés des contrôles, des déserteurs, des caporaux nommés sous-officiers, des sous-officiers promus officiers ou cassés, des hommes condamnés, etc. Les commandants de compagnie, de batterie ou d'escadron dressent à cet effet des *bulletins* nominatifs de *versement des effets de la première et deuxième catégorie et des armes provenant des hommes dénommés ci-après*, approuvés par le major. Ces bulletins mentionnent les mutations ou les causes du versement, indiquent comme pertes (au moyen de la lettre P placée dans la colonne correspondante à l'objet), les effets ou armes qui ne doivent pas rentrer au magasin, soit qu'ils aient été laissés aux hommes passés à d'autres corps, envoyés dans la réserve, etc., soit que, ayant appartenu à des hommes morts aux hôpitaux ou en congé, la réintégration n'en doive pas être faite au magasin du corps

Quand un soldat change de compagnie, il emporte avec lui ses armes et ses effets. Quand un homme quitte le corps ou s'absente, ses armes sont visitées par le chef armurier, sous le contrôle de l'officier d'armement ; elles sont réparées au compte de l'homme ou de l'Etat, avant d'être réintégrées ou déposées au magasin. En campagne, le soldat emporte ses armes avec lui quand il entre à l'ambulance ou à l'hôpital.

Le registre-journal des armes et effets distribués aux compagnies et réintégrés par elle est tenu par le capitaine d'habillement et reçoit l'inscription journalière des distributions et réintégrations qui sont mentionnées, d'autre part, dans l'ordre chronologique sur les *livres de détail* des compagnies, chapitres VI et VII ; toutes ces opérations sont totalisées à la fin de chaque trimestre sur les registres précités.

Marquage des effets. *Au magasin et au moment de la distribution, les effets de première catégorie sont marqués du trimestre de la distribution et du numéro du corps.* Les effets neufs reçoivent en outre un numéro de série ; on emploie, à cet effet, les numéros devenus vacants avant d'en donner un nouveau ; il y a une série distincte pour chaque sorte d'effets. Les effets réintégrés reçoivent l'indication du trimestre de la réintégration, suivie de la lettre R (réintégré) ; lorsqu'ils sont distribués de nouveau, le trimestre de la nouvelle mise en service y est apposé, ainsi que l'indication du nombre des trimestres restant à parcourir.

Dans les compagnies, escadrons ou batteries, ces effets reçoivent le *numéro matricule* du détenteur.

Les effets de la deuxième catégorie et les instruments de musique sont marqués du *millésime* de l'année de la mise en service et d'un numéro de série. Les armes reçoivent une lettre et un numéro de série en manufacture ; le numéro du corps est porté sur la plaque de couche.

Petit équipement. — Il comprend la chaussure, le linge de corps, certains accessoires tels que pompons, cravates, etc. ; les effets de petite monture (brosses, peignes, boîte à graisse, etc., trousse complète avec fil et aiguilles), et, dans la cavalerie, les effets de pansage (brosses, éponge, musette, sac à avoine, sabots.) Les effets doivent être conformes à des modèles types envoyés au corps par le ministre.

Tous ces effets sont payés par la masse individuelle, ils sont fournis au corps par l'administration centrale ou bien achetés directement par le conseil d'administration, qui s'adjoint, pour la passation des marchés et les réceptions, trois capitaines du corps.

Pour les distributions, les capitaines remettent à l'officier d'habillement des *bons nominatifs des effets d'équipement nécessaires aux hommes dénommés* (1). Les bons portent en tête le **prix de** chaque effet, ils indiquent les numéros de contrôle, noms et **grades** des hommes, leur situation de masse, les effets demandés, **le** décompte de ces effets en deniers et les totaux à recevoir en toutes lettres. Ces bons sont enregistrés au chapitre IX du livre de détail. Tous les effets susceptibles de recevoir une empreinte sont marqués du numéro matricule du détenteur. Le soldat reproduit son numéro matricule et la lettre de la compagnie (2) sur tous les effets qui doivent être lavés.

Effets de campement. — Ils comprennent : une grande couverture (si on les emporte), un sac tente-abri avec ses accessoires, un petit bidon par homme, un seau en toile et une marmite-gamelle (ou bien une marmite et une gamelle pour 4 hommes), une hachette pour 10 hommes, un moulin à café pour 20 hommes. Les collections nécessaires existent dans les magasins des corps ; les petits bidons sont entre les mains des hommes. Les autres effets sont mis en service suivant les nécessités. Les commandants de compagnie établissent pour cela des bons et des bulletins de versement. Ces effets ne reçoivent pas d'inscription ineffaçable, puisque leurs détenteurs peuvent changer fréquemment. La durée des ustensiles est fixée, pour ordre, à six ans ; ils ne doivent néanmoins être remplacés qu'après réforme.

Les réservistes appelés à prendre part aux exercices annuels ne reçoivent que les effets strictement nécessaires, pris autant que possible parmi ceux en cours de durée et déterminés par une circulaire ministérielle. Ils reçoivent, au lieu d'effets, une allocation en argent de 1 franc pour une chemise, 0 fr. 70 c. pour un caleçon, 3 francs pour une paire de chaussures en bon état.

---

(1) Les modèles des bons d'armes et d'effets d'habillement, des bulletins de versement, des bons de petit équipement sont annexés au *décret du 13 février* 1875 ; il en existe dans toutes les compagnies ; les engagés conditionnels en établissent fréquemment pendant leur année d'étude. Ces trois pièces sont toujours signées par le commandant de la compagnie, de l'escadron ou de la batterie, vérifiées par le major et remises à l'officier d'habillement. Elles portent en tête l'indication du corps, bataillon, compagnie, escadron ou batterie, avec la lettre de cette unité administrative, la date du trimestre et les numéros d'inscription de la pièce aux divers chapitres du livre de détail et au cahier d'enregistrement. Tous les effets sont signalés au moyen de leurs numéros sur le livret matricule et sur le livret individuel du détenteur.

(2) Chaque compagnie d'infanterie a un signe distinctif que l'on appelle la *lettre de compagnie* et qu'elle conserve, quand, au moment du tiercement, elle change de bataillon. Cette lettre est placée en tête de toutes les pièces de comptabilité produites par chaque compagnie, indépendamment du numéro de celle-ci et du numéro du bataillon

Dégradations des effets, des armes, de la literie ou du casernement. — L'État ne supporte que les dégradations provenant d'usure naturelle ou les pertes et dégradations causées par un événement de force majeure ; les pertes et dégradations provenant du fait de l'homme sont imputées à sa masse individuelle. *Le montant de la moins-value ou du prix intégral*, en cas de perte, *est constaté par un bulletin d'imputation*, certifié par le capitaine et suivant le cas par l'officier d'habillement ou de casernement, visé par le conseil d'administration et approuvé par le sous-intendant. A la fin de chaque trimestre, les officiers d'habillement et de casernement, chacun en ce qui concerne son service, établissent un *état récapitulatif des sommes dues pendant le trimestre écoulé par chaque compagnie, escadron ou batterie*, le montant de ces sommes est versé au Trésor.

Quand des effets versés en magasin sont assez détériorés par la faute de l'homme pour ne pouvoir pas terminer leur durée réglementaire, la moins-value imputée est calculée, en trimestres, pour les effets de première catégorie, en années pour ceux de la deuxième catégorie, et d'après le temps pendant lequel ces effets devraient encore servir. Quand l'effet a été perdu et ne peut pas être réintégré, l'imputation est augmentée d'un trimestre pour la première catégorie, d'une année pour la seconde catégorie. Une arme perdue par la faute du détenteur est imputée au prix intégral de fabrication ; les dégradations à l'armement sont imputées d'après un tarif. Quand il est impossible d'imputer personnellement les dégradations faites à la literie ou au casernement, la dépense est supportée proportionnellement par tous les hommes présents à la compagnie, ou à l'escadron, au moment de la constatation, sous le titre de *part contributive*. Un état de répartition, dressé par l'officier de casernement et visé par le major, fait connaître aux capitaines la somme totale imputée à leurs compagnies, escadrons ou batteries.

Réparations. — Les effets et armes en service dans les corps sont généralement entretenus et réparés, au compte de l'État ; ils le sont au compte de la masse individuelle, quand la dégradation provient de la faute du détenteur. Pour assurer l'entretien des armes et des effets du service de l'habillement, le conseil d'administration passe des *marchés d'abonnement* avec les maîtres ouvriers : l'abonnement est une allocation journalière payée d'après le nombre d'hommes ou de chevaux présents à celui des maîtres ouvriers qui est responsable de l'entretien des armes, de l'habillement, de l'équipement, de la coiffure, du harnachement.

Les réparations payées par la masse individuelle sont faites, soit d'après les tarifs réglementaires pour certains effets ; soit d'après des marchés passés par le conseil et qui précisent l'espèce et le prix de chaque réparation ; soit à prix débattus entre les capitaines et les ouvriers, avec l'assentiment du conseil d'administration.

Les réparations des effets et des armes sont faites d'après des bulletins nominatifs que les capitaines délivrent après avoir constaté l'opportunité de la réparation et décidé par qui elle sera payée. Les bulletins imputables à l'Etat (masse d'entretien) sont distincts des autres et approuvés par le major. Chaque bulletin spécifie les noms des détenteurs des effets, la nature et le prix de la réparation, l'ouvrier qui en est chargé. Ce bulletin est porté avec l'effet, par le sous-officier de semaine, au capitaine d'habillement pour les effets, à l'officier d'armement du bataillon pour les armes, lequel constate si la réparation est bien indiquée ; en cas de doute sur l'imputation, la contestation est soumise au major et tranchée en dernier ressort par le conseil d'administration.

Les bulletins imputables à la masse individuelle sont inscrits sur un *bordereau d'enregistrement journalier* relatant les noms des hommes détenteurs des effets réparés et les prix alloués à chacun des maîtres ouvriers pour chaque objet et par nature de réparation. Des bordereaux spéciaux sont établis pour les réparations faites à prix débattu au compte de l'homme et de la masse d'entretien. Les bordereaux sont totalisés à la fin de chaque trimestre et enregistrés au chapitre XII du livre de détail.

Le maître armurier fait les réparations indiquées par le règlement ; les autres sont exécutées en manufacture au prix du tarif. *Les réparations des armes sont à la charge de l'abonnement* quand elles sont causées par le service régulier des armes, *du soldat* quand elles proviennent de sa faute, *du chef de corps ou du conseil d'administration* quand elles résultent d'une violation du règlement, *de l'Etat* quand elles proviennent, soit d'un cas de force majeure (constaté par le rapport du capitaine, approuvé par le conseil et par le sous-intendant), soit d'un défaut de fabrication reconnu par le capitaine d'artillerie chargé de la visite des armes.

Ch. V. — COMPTABILITÉ.

Livret individuel. — Le commandant de recrutement y porte : les noms et prénoms, l'état civil, le signalement, le culte, le titre auquel sert le militaire.

Les indications suivantes sont imprimées dans le livret ou y sont successivement portées par le capitaine commandant la compagnie, l'escadron ou la batterie :

1° Renseignements relatifs à l'état militaire : incorporations successives, services et positions diverses, rengagements contractés, admission aux hautes payes ; campagnes, blessures et décorations ; époques de passage dans les différentes réserves ; degré d'instruction à l'arrivée au corps ; renseignements sur les cours des écoles réglementaires, de gymnastique et d'escrime ; progression de l'instruction militaire et tableau des résultats obtenus au tir à la cible ;

2° *Enregistrement des effets remis à l'homme au compte de l'Etat.* (Les effets d'habillement dits de première catégorie, les effets d'équipement et de coiffure dits de deuxième catégorie, les effets de campement et d'armement, et dans la cavalerie les effets de harnachement) ;

3° Tableau des mesures de l'homme et les types d'effets y correspondant ;

4° Compte détaillé des recettes et des dépenses de la masse individuelle ;

5° Indication sommaire de certaines lois et de certains règlements ;

6° Documents relatifs au service à faire et à la mobilisation : les certificats d'envoi dans la disponibilité, dans la réserve de l'armée active, dans l'armée territoriale, et dans la réserve de cette armée ; des cases où doivent être apposés les visa de la gendarmerie en cas de changement de domicile ou de résidence de l'homme et des ordres de route qui doivent servir en cas de mobilisation ou de manœuvre.

L'homme doit toujours garder son livret, qui est sa propriété et ne doit lui être retiré que momentanément pour y faire des inscriptions.

Livret matricule. — Ce livret est préparé pour chaque soldat par le commandant de recrutement de la subdivision de région du domicile et d'après les indications portées au registre matricule de cette subdivision. Il contient : *tout ce qui figure au livret individuel,* moins ce qui concerne le tir, les mesures de l'homme, les lois et règlements, le service militaire et les appels en cas de mobilisation. Il mentionne en outre les punitions infligées et toutes les mutations au jour le jour. Le compte de la masse individuelle est arrêté trimestriellement et signé par l'homme quand il quitte le corps.

Tous les livrets matricules sont réunis, pour chaque compagnie, dans une boîte où ils sont classés par ordre alphabétique. En cas de mutation, le livret est arrêté et envoyé à la nouvelle compagnie ou au nouveau corps ou au commandant de recrutement du domicile, si l'homme va en disponibilité ou en réserve ; dans ce dernier cas le commandant de recrutement inscrit sur le livret le nouveau corps auquel est affecté le militaire et envoie le livret à ce corps.

Dans chaque corps, les capitaines ont donc d'une part les **livrets matricules** des hommes présents, et, d'autre part, les livrets des réservistes qui leur sont affectés ; les disponibles et réservistes ainsi répartis dans les compagnies, escadrons ou batteries sont en outre inscrits sur un répertoire général du corps et sur un registre composé de feuillets matricules. En cas de changement de garnison, le répertoire général, les feuillets matricules et les livrets matricules des réservistes et disponibles sont remis par le corps qui part à celui qui le remplace.

Registre de comptabilité trimestrielle. — Ce registre, dont les imprimés sont fournis trimestriellement aux intéressés par les soins de l'intendance, contient les écritures concernant l'ensemble de la compagnie, de l'escadron ou de la batterie ; il se compose de cinq parties : 1° livre de détail ; 2° cahier d'enregistrement ; 3° feuille de journées des hommes ; 4° feuille de journées des chevaux (corps de troupes à cheval) ; 5° feuille de décompte de la masse individuelle. Ces cinq documents sont réunis dans un carton et renouvelés tous les trois mois ; ils sont après vérification déposés aux archives du corps.

1° **Livre de détail.** — Ce livre comprend 12 chapitres : *chapitre I*er. Renseignements sur la position de la compagnie et les mouvements faits par elle. *Chapitre II.* Renseignements relatifs aux allocations de vivres de campagne, d'indemnités et de fournitures extraordinaires. *Chapitre III.* Situations et mutations journalières. *Chapitre IV.* Listes des travailleurs. Sommes versées par eux, soit à l'ordinaire, soit à leur masse, soit à la masse des hommes qui les remplacent dans leur service. *Chapitre V.* Solde de la troupe et rations diverses perçues. *Chapitre VI.* Compte ouvert avec le magasin d'habillement pour les effets de la première catégorie et les galons. *Chapitre VII.* Compte ouvert avec le magasin d'habillement pour les effets de la deuxième catégorie et les armes. *Chapitre VIII.* Compte ouvert avec le magasin d'habillement (troupes à cheval) pour les effets de harnachement. *Chapitre IX.* Enregistrement des bons d'effets de petit équipement reçus du magasin d'habillement. *Chapitre X.* Compte ouvert aux effets de campement. *Chapitre XI.* Compte ouvert aux effets de casernement et au matériel du service des lits militaires. *Chapitre XII.* Enregistrement sommaire des bordereaux ou relevés et des états de répartition, pour réparations, dégradations et autres remboursements mis au compte des hommes.

2° **Cahier d'enregistrement.** — Ce cahier est une sorte de journal sur lequel on inscrit rapidement, et au moment où les faits se produisent, les indications nécessaires pour établir ultérieurement les pièces comptables et les enregistrements réguliers.

3° Justification des perceptions. Feuille de journées des hommes. — Cette pièce établit les droits aux perceptions effectuées pour la compagnie, l'escadron ou la batterie, pendant le trimestre écoulé. *La première page mentionne la situation détaillée de l'effectif au dernier jour du trimestre précédent, les mouvements exécutés et la durée des allocations extraordinaires* accordées pendant le trimestre en vertu d'ordres spéciaux.

L'ensemble de la feuille est la reproduction du contrôle trimestriel (voir ci-dessus). Les mutations et les circonstances donnant droit aux diverses prestations sont inscrites en face de chaque nom à mesure qu'elles se produisent. Le nombre de journées donnant droit à la solde, aux *indemnités,* à la haute paye d'ancienneté, à la prime d'entretien de la masse individuelle, au supplément à cette prime, aux rations de pain, de viande, de légumes et de sel, de sucre et café, de vin ou d'eau-de-vie, de chauffage, sont inscrites, en regard du nom, dans autant de colonnes distinctes. Les colonnes sont totalisées par grade, classe ou emploi. On ne porte que le nombre des rations auxquelles les officiers ont droit, attendu que le trésorier établit au sujet de leur solde une feuille de journées spéciale.

La dernière page donne le décompte en argent résultant de la récapitulation des droits.

Le capitaine certifie les totaux en toutes lettres. La feuille, vérifiée par le trésorier, est envoyée au major dans les cinq jours qui suivent le trimestre, soumise à une nouvelle vérification à l'aide du contrôle trimestriel tenu par cet officier supérieur et adressée au sous-intendant, qui a de son côté, par son contrôle trimestriel, le moyen de constater la régularité des perceptions ; les feuilles reviennent du sous-intendant au trésorier avec ou sans rectification.

Etats comparatifs. — Le capitaine envoie au trésorier deux états comparatifs, l'un pour les perceptions en deniers d'après le relevé des feuilles de prêt, l'autre pour les perceptions en nature, d'après les bons fournis. *Le trésorier établit la balance entre les allocations dues et les perceptions faites. Les moins perçus en argent* sont remis au capitaine et restitués à qui de droit, *les trop perçus* en argent sont remboursés par le capitaine au trésorier; *les moins perçus en rations* ne sont pas restitués ; *les trop perçus en rations* sont décomptés en deniers d'après le tarif et payés au trésorier par le capitaine. Cependant, quand dans un corps, des compagnies ont des moins perçus en rations, la valeur de ces moins perçus entre proportionnellement en déduction du débet des compagnies qui ont des trop-perçus en denrées de même nature.

4° Feuille de journées des chevaux. — Cette feuille est

établie par les capitaines des troupes à cheval ou par le trésorier des troupes à pied et transmise comme la feuille des hommes. Le nombre des rations est indiqué par le nombre des journées de présence porté dans une seule colonne; dans l'arrêté on spécifie les rations attribuées aux chevaux d'officiers, de selle, de trait et aux mulets, à cause de la différence des allocations suivant les catégories.

5° **Feuille de décompte de la masse individuelle**. — Cette feuille résume pour chaque trimestre les recettes et les dépenses de la masse individuelle. Le premier jour de chaque trimestre, les hommes comptant à l'effectif la veille au soir y sont inscrits dans le même ordre que pour la feuille de journées, avec leur avoir ou leur débet à la masse. Les absences momentanées ne sont pas signalées; les radiations du contrôle y sont portées le jour où elles ont lieu. La situation de masse des hommes nouvellement venus, ainsi que les premières mises ou leurs suppléments, sont inscrits à la date de la mutation; les sommes payées à titre de décompte le sont le jour du paiement, les avances faites aux isolés en route, le jour où le capitaine en est avisé. Les autres recettes et dépenses ne sont inscrites qu'à la fin du trimestre.

Les sommes portées dans les diverses colonnes sont totalisées et récapitulées à la fin de la feuille où figure également la situation générale des masses individuelles. Cette pièce est arrêtée et transmise comme la feuille de journée. Le trésorier en fait un relevé général et remet aux capitaines les excédants du complet réglementaire de la masse destinés à être payés aux ayants droit, à titre de décompte.

TABLE DES MATIÈRES.

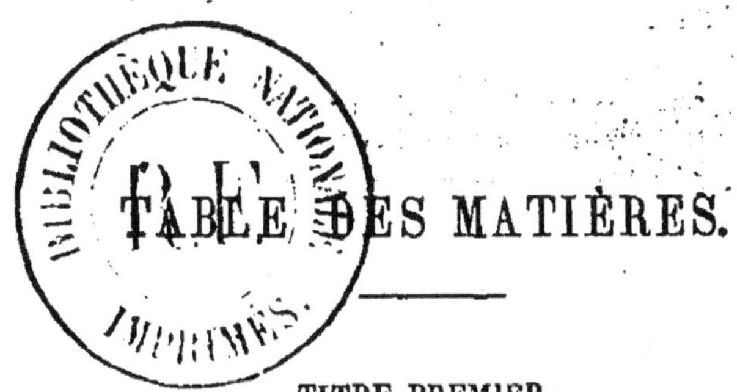

TITRE PREMIER.

RECRUTEMENT ET ORGANISATION DE L'ARMÉE.

TITRE II.

ADMINISTRATION DES PETITES UNITÉS.
(Compagnie, escadron ou batterie.)

Paris. — Imprimerie J. Dumaine, 2, rue Christine.

MANUEL

DE

CONNAISSANCES MILITAIRES

PRATIQUES

DESTINÉ A MM. LES OFFICIERS ET SOUS-OFFICIERS DE L'ARMÉE ACTIVE,
DE LA RÉSERVE ET DE L'ARMÉE TERRITORIALE,
AINSI QU'AUX VOLONTAIRES D'UN AN.

1° Topographie. — 2° Fortification. — 3° Reconnaissances,
emploi du terrain, petites opérations.
4° Cavalerie, artillerie, infanterie. — 5° Hygiène,
Connaissance du cheval.
6° Notes sur le service des troupes en marche.
7° Recrutement, organisation et administration des troupes.

8ᵉ ÉDITION

MISE A JOUR ET CONSIDÉRABLEMENT AUGMENTÉE

---

1 fort volume in-18 avec planches. — Prix : 5 fr.

Paris. — Imprimerie J. Dumaine, rue Christine, 2.